これまでの漢字学習《かんじがくしゅう》での「なぞり書《が》き」は、うすく書《か》かれた漢字《かんじ》を全画数《ぜんかくすう》なぞるものが一般的《いっぱんてき》でした。これは書《か》き始《はじ》めるときの抵抗感《ていこうかん》が少《すく》なく、丁寧《ていねい》さや集中力《しゅうちゅうりょく》も身《み》につく方法《ほうほう》ですが、写《うつ》すだけになってしまう子《こ》もいました。

そこで、「書《か》き順《じゅん》がわかる」「よくある間違《まちが》いがわかる」「字形《じけい》がわかる」、この三《みっ》つを意識《いしき》して、意図的《いとてき》にうすい字《じ》を一部《いちぶ》だけ残《のこ》した各漢字《かくかんじ》の「イチブなぞり」を開発《かいはつ》しました。くり返《かえ》すことで自然《しぜん》と頭《あたま》の中《なか》で字形《じけい》や書《か》き順《じゅん》を思《おも》い浮《う》かべられ、より効果《こうか》を実感《じっかん》していただけると思《おも》います。

困《こま》っているあなたに、ぜひ届《とど》いてほしいです。

「イチブなぞり」のプラス効果《こうか》

- よくある間違《まちが》いが意識《いしき》でき、書《か》き順《じゅん》が身《み》につく。
- 謎解《なぞと》き感覚《かんかく》で、記憶《きおく》が引《ひ》き出《だ》しやすくなる。
- 自然《しぜん》と字全体《じぜんたい》のバランスがとれ、美《うつく》しい字《じ》になる。

たしかめ問題《もんだい》とゲーム問題《もんだい》を収録《しゅうろく》

- 復習《ふくしゅう》でも同《おな》じように「イチブなぞり」を使《つか》うことで、記憶《きおく》に定着《ていちゃく》しやすくなる。
- ゲーム仕立《じた》ての問題《もんだい》で、漢字《かんじ》の力《ちから》を確《たし》かめられる。

(ここでは、書《か》き順《じゅん》や字形《じけい》よりも、楽《たの》しさ重視《じゅうし》で作成《さくせい》しています)

❶ 書《か》き順《じゅん》や書《か》き方《かた》がわかりやすい！
字形《じけい》がキレイになるように、
記号《きごう》をつけています。

とめ　はね

❷ 読《よ》み方《かた》が一目《ひとめ》でわかる！
カタカナ…音読《おんよ》み
ひらがな…訓読《くんよ》み
(- の後《あと》は、送《おく》りがな)
( )…中学以降《ちゅうがくいこう》で習《なら》う読《よ》み方《かた》
※…特別《とくべつ》な読《よ》み方《かた》

「ゼンブなぞり」と「イチブなぞり」
「ゼンブなぞり」で、字《じ》の形《かたち》をつかみ、その後《ご》、「イチブなぞり」で間違《まちが》いやすい書《か》き順《じゅん》を意識《いしき》できます。
字形《じけい》も自然《しぜん》と意識《いしき》されて、キレイな字《じ》になりやすくなります。

漢字 1-①　圧・囲・移・因

□手本の漢字を指でなぞります。
□には漢字を頭の中で思いうかべてから書きましょう。

圧

音　アツ
訓　—

圧《あっ》力《りょく》
圧《あっ》勝《しょう》
気《き》圧《あつ》が高《たか》い。

移

音　イ
訓　うつ-る
　　うつ-す

移《い》動《どう》
移《い》住《じゅう》
行動《こうどう》に移《うつ》る。

囲

音　イ
訓　かこ-む
　　かこ-う

周《しゅう》囲《い》
包《ほう》囲《い》
解答《かいとう》を丸《まる》で囲《かこ》む。

因

音　イン
訓　—

原《げん》因《いん》
勝《しょう》因《いん》
因《いん》果《が》関係《かんけい》を探《さが》す。

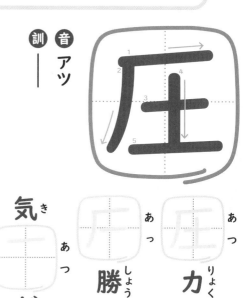

漢字 1-②

永・営・衛・易

□手本の漢字を指でなぞります。□には漢字を頭の中で思いうかべてから書きましょう。

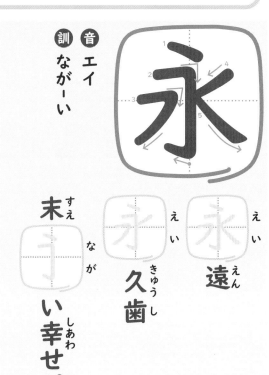

永

音 エイ
訓 なが-い

永《えい》遠《えん》
永《えい》久《きゅう》歯《し》
末《すえ》永《なが》い幸《しあわ》せ。

衛

音 エイ
訓 ―

守《しゅ》衛《えい》
自《じ》衛《えい》隊《たい》
地《ち》球《きゅう》を防《ぼう》衛《えい》する。

営

音 エイ
訓 いとな-む

運《うん》営《えい》
営《えい》業《ぎょう》
商《しょう》店《てん》を営《いとな》む親《おや》子《こ》。

易

音 エキ イ
訓 やさ-しい

貿《ぼう》易《えき》
容《よう》易《い》
易《やさ》しい問《もん》題《だい》。

漢字 1-③ 益・液・演・応

手本の漢字を指でなぞります。□には漢字を頭の中で思いうかべてから書きましょう。

益

音 エキ
訓 —

利《り》□《えき》
有《ゆう》□《えき》
無《む》□《えき》な行動《こうどう》。

演

音 エン
訓 —

□《えん》説《ぜつ》
出《しゅつ》□《えん》
美《うつく》しい団体《だんたい》□《えん》技《ぎ》。

液

音 エキ
訓 —

□《えき》体《たい》
消毒《しょうどく》□《えき》
血《けつ》□《えき》検査《けんさ》をする。

応

音 オウ
訓 こた-える

□《おう》用《よう》
□《おう》接間《せつま》
期待《きたい》に□《こた》える。

漢字 1-④

往・桜・可・仮

□手本の漢字を指でなぞります。
□には漢字を頭の中で思いうかべてから書きましょう。

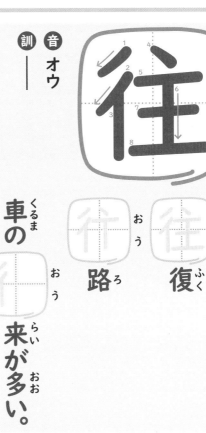

往

音 オウ
訓 ―

往《おう》復《ふく》
往《おう》路《ろ》
車《くるま》の往《おう》来《らい》が多《おお》い。

可

音 カ
訓 ―

不《ふ》可《か》能《のう》
許《きょ》可《か》
成《せい》功《こう》の可《か》能《のう》性《せい》。

桜

音 （オウ）
訓 さくら

桜《さくら》色《いろ》
葉《は》桜《ざくら》
桜《さくら》もちを食《た》べる。

仮

音 カ
訓 かり

仮《か》定《てい》
仮《か》分《ぶん》数《すう》
仮《かり》住《ず》まいをする。

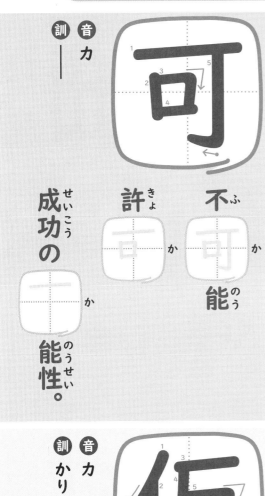

漢字 1－⑤

価・河・過・快

□手本の漢字を指でなぞります。
□には漢字を頭の中で思いうかべてから書きましょう。

価

音 カ
訓 ―

定《てい》価《か》
価《か》格《かく》
高《こう》価《か》な車《くるま》。

過

音 カ
訓 す－ぎる
す－ごす

過《か》去《こ》
経《けい》過《か》
時《じ》間《かん》が過《す》ぎる。

河

音 カ
訓 かわ

河《か》口《こう》
運《うん》河《が》
広《ひろ》い河《かわ》をわたる。

快

音 カイ
訓 こころよ－い

快《かい》調《ちょう》
快《かい》晴《せい》
快《こころよ》い風《かぜ》がふく。

漢字 1-⑥

読みのたしかめ

次の文を読んで、――を引いた漢字の読みを（　）に書きましょう。

① 人《ひと》に圧力《りょく》をかける。（　）
② 周《しゅう》囲を見回《みまわ》す。（　）
③ 席《せき》を移動《どう》する。（　）
④ 事《じ》故《こ》の原《げん》因。（　）
⑤ 永遠《えん》の平和《へいわ》を願《ねが》う。（　）
⑥ 営業中《ぎょうちゅう》の店《みせ》。（　）
⑦ 人工《じんこう》衛星《せい》が回《まわ》る。（　）
⑧ 外国《がいこく》との貿《ぼう》易。（　）
⑨ 利《り》益を上《あ》げる。（　）
⑩ 血《けつ》液を調《しら》べる。（　）
⑪ テレビの出《しゅつ》演者《しゃ》。（　）
⑫ 応急《きゅう》手《て》当《あ》てをする。（　）
⑬ 山《やま》を往復《ふく》する。（　）
⑭ 桜の花《はな》がさく。（　）
⑮ 外出《がいしゅつ》の許《きょ》可。（　）
⑯ 仮面《めん》をかぶる。（　）
⑰ 土《と》地《ち》の価格《かく》が高《たか》い。（　）
⑱ 河口《こう》にある港《みなと》。（　）
⑲ 過去《こ》をふり返《かえ》る。（　）
⑳ 快晴《せい》の青《あお》い空《そら》。（　）

書きのたしかめ ①

□ 次の文を読んで、□にあてはまる漢字を頭の中で思いうかべてからなぞりましょう。

① 人《ひと》に圧《あつ》力《りょく》をかける。

② 周《しゅう》囲《い》を見回《みまわ》す。

③ 席《せき》を移《い》動《どう》する。

④ 事故《じこ》の原《げん》因《いん》。

⑤ 永《えい》遠《えん》の平和《へいわ》を願《ねが》う。

⑥ 営《えい》業中《ぎょうちゅう》の店《みせ》。

⑦ 人工《じんこう》衛《えい》星《せい》が回《まわ》る。

⑧ 外国《がいこく》との貿《ぼう》易《えき》。

⑨ 利《り》益《えき》を上《あ》げる。

⑩ 血《けつ》液《えき》を調《しら》べる。

⑪ テレビの出《しゅつ》演《えん》者《しゃ》。

⑫ 応《おう》急手当《きゅうてあ》てをする。

⑬ 山《やま》を往《おう》復《ふく》する。

⑭ 桜《さくら》の花《はな》がさく。

⑮ 外出《がいしゅつ》の許《きょ》可《か》。

⑯ 仮《か》面《めん》をかぶる。

⑰ 土地《とち》の価《か》格《かく》が高《たか》い。

⑱ 河《か》口《こう》にある港《みなと》。

⑲ 過《か》去《こ》をふり返《かえ》る。

⑳ 快《かい》晴《せい》の青《あお》い空《そら》。

漢字 1-⑧

書きのたしかめ ②

□ 次の文を読んで、□にあてはまる漢字を頭の中で思いうかべてから書きましょう。

① 人《ひと》に□《あつ》力《りょく》をかける。

② 周《しゅう》□《い》を見回《みまわ》す。

③ 席《せき》を□《い》動《どう》する。

④ 事故《じこ》の原《げん》□《いん》。

⑤ □《えい》遠《えん》の平和《へいわ》を願《ねが》う。

⑥ □《えい》業中《ぎょうちゅう》の店《みせ》。

⑦ 人工《じんこう》□《えい》星《せい》が回《まわ》る。

⑧ 外国《がいこく》との貿《ぼう》□《えき》。

⑨ 利《り》□《えき》を上《あ》げる。

⑩ 血《けつ》□《えき》を調《しら》べる。

⑪ テレビの出《しゅつ》□《えん》者《しゃ》。

⑫ □《おう》急手《きゅうて》当《あ》てをする。

⑬ 山《やま》を□《おう》復《ふく》する。

⑭ □《さくら》の花《はな》がさく。

⑮ 外出《がいしゅつ》の許《きょ》□《か》。

⑯ □《か》面《めん》をかぶる。

⑰ 土地《とち》の□《か》格《かく》が高《たか》い。

⑱ □《か》口《こう》にある港《みなと》。

⑲ □《か》去《こ》をふり返《かえ》る。

⑳ □《かい》晴《せい》の青《あお》い空《そら》。

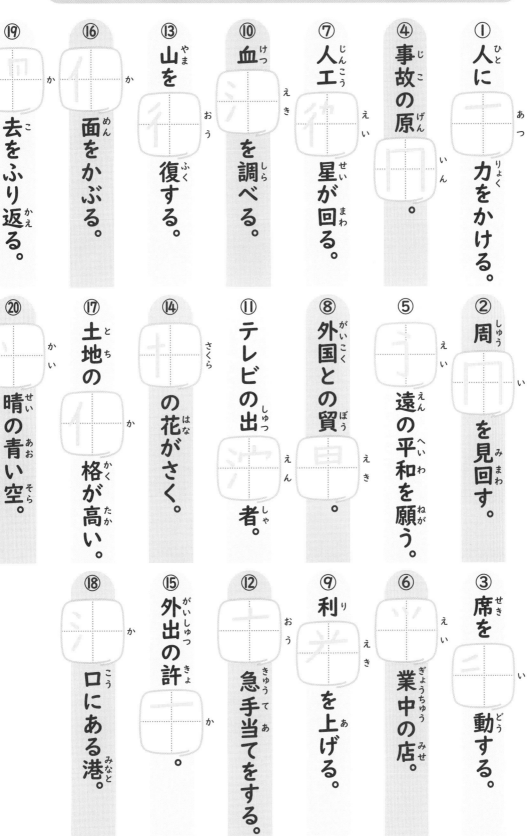

書きのたしかめ ③

次の文を読んで、□にあてはまる漢字を頭の中で思いうかべてから書きましょう。

① 人《ひと》に□《あつ》力《りょく》をかける。

② 周《しゅう》□《い》を見回《みまわ》す。

③ 席《せき》を□《い》動《どう》する。

④ 事故《じこ》の原《げん》□《いん》。

⑤ □《えい》遠《えん》の平和《へいわ》を願《ねが》う。

⑥ □《えい》業中《ぎょうちゅう》の店《みせ》。

⑦ 人工《じんこう》□《えい》星《せい》が回《まわ》る。

⑧ 外国《がいこく》との貿《ぼう》□《えき》。

⑨ 利《り》□《えき》を上《あ》げる。

⑩ 血《けつ》□《えき》を調《しら》べる。

⑪ テレビの出《しゅつ》□《えん》者《しゃ》。

⑫ □《おう》急《きゅう》手《て》当《あ》てをする。

⑬ 山《やま》を□《おう》復《ふく》する。

⑭ □《さくら》の花《はな》がさく。

⑮ 外出《がいしゅつ》の許《きょ》□《か》。

⑯ □《か》面《めん》をかぶる。

⑰ 土地《とち》の□《か》格《かく》が高《たか》い。

⑱ □《か》口《こう》にある港《みなと》。

⑲ □《か》去《こ》をふり返《かえ》る。

⑳ □《かい》晴《せい》の青《あお》い空《そら》。

漢字
1-⑩

漢字みつけ！①

次の図の中から、今回学習した漢字を二十字見つけましょう。
見つけた漢字はなぞりましょう。

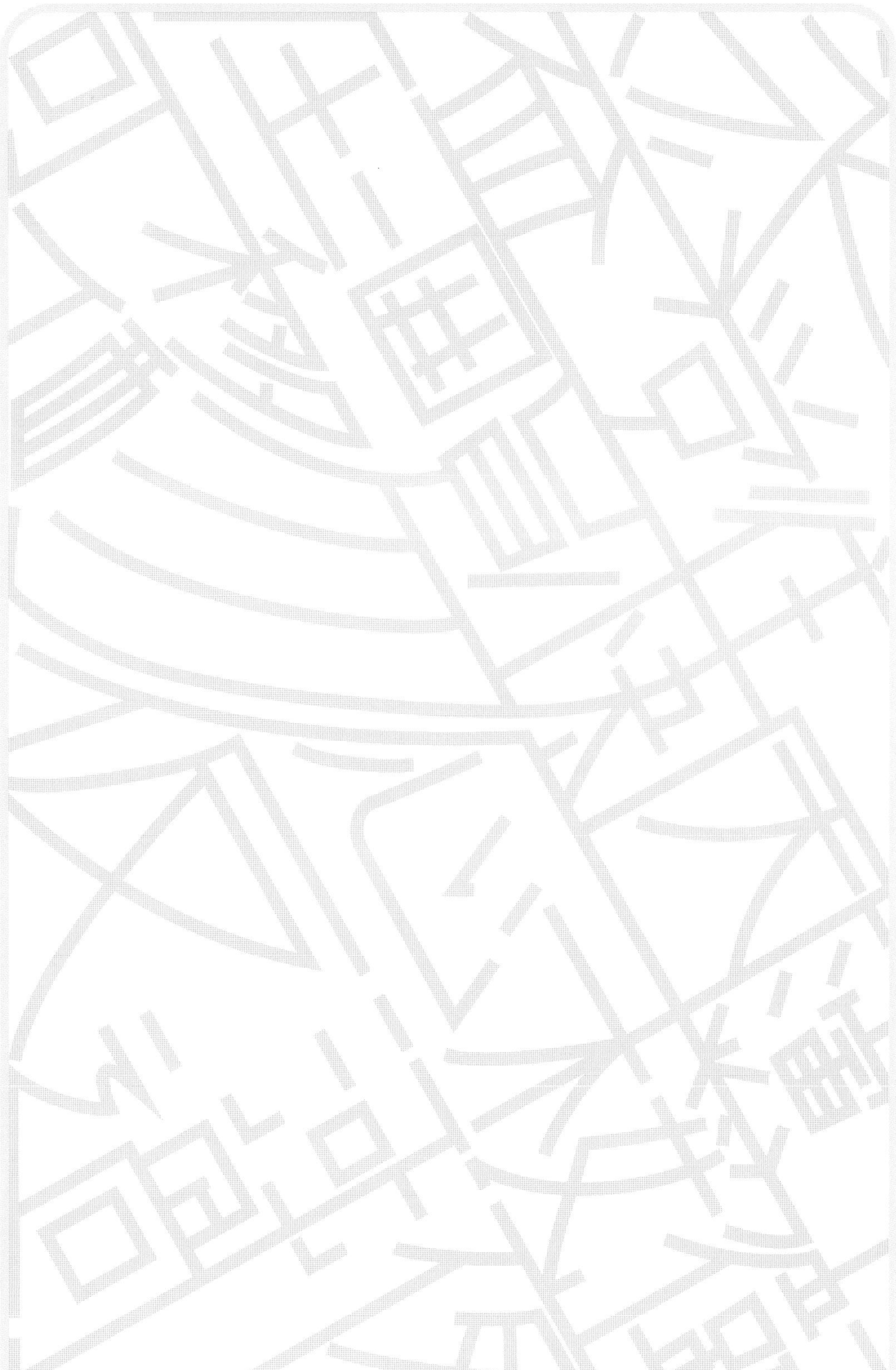

漢字 2-① 解・格・確・額

□手本の漢字を指でなぞります。
□には漢字を頭の中で思いうかべてから書きましょう。

解

音 カイ
訓 と-ける　と-く　と-かす

解《かい》答《とう》

理《り》解《かい》

問《もん》題《だい》を解《と》く。

確

音 カク
訓 たし-かめる　たし-か

正《せい》確《かく》

確《かく》信《しん》

確《たし》かな手《て》応《ごた》え。

格

音 カク
訓 ―

合《ごう》格《かく》

性《せい》格《かく》

りっぱな体《たい》格《かく》。

額

音 ガク
訓 ひたい

金《きん》額《がく》

半《はん》額《がく》

額《ひたい》にあせする。

漢字 2-②

刊・幹・慣・眼

■手本の漢字を指でなぞります。□には漢字を頭の中で思いうかべてから書きましょう。

刊

音 カン
訓 ―

朝《ちょう》刊《かん》

刊《かん》行《こう》

週《しゅう》□《かん》誌《し》を読《よ》む。

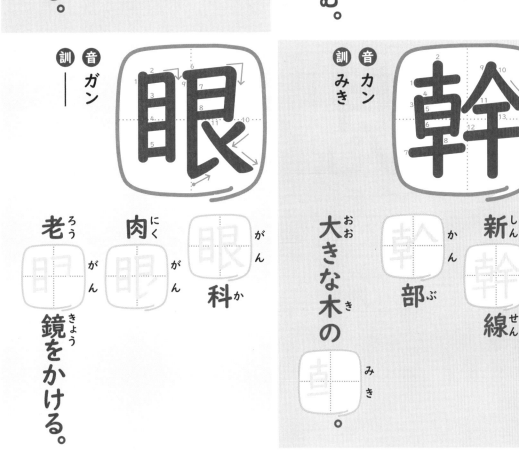

幹

音 カン
訓 みき

新《しん》幹《かん》線《せん》

□《かん》部《ぶ》

大《おお》きな木《き》の□《みき》。

慣

音 カン
訓 な-れる　な-らす

習《しゅう》慣《かん》

□《かん》用《よう》句《く》

仕事《しごと》に□《な》れる。

眼

音 ガン
訓 ―

眼《がん》科《か》

肉《にく》眼《がん》

老《ろう》□《がん》鏡《きょう》をかける。

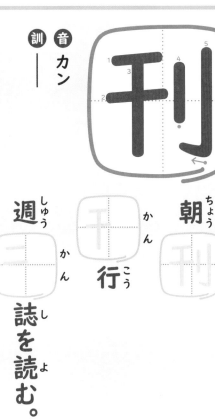

漢字 2-③ 紀・基・寄・規

手本の漢字を指でなぞります。□には漢字を頭の中で思いうかべてから書きましょう。

紀

音 キ
訓 —

世《せい》紀《き》末《まつ》

紀《き》行《こう》文《ぶん》

風《ふう》紀《き》がみだれる。

寄

音 キ
訓 よ-る よ-せる

寄《き》付《ふ》

寄《き》生《せい》虫《ちゅう》

友人《ゆうじん》の店《みせ》に寄《よ》る。

基

音 キ
訓 —

基《き》本《ほん》

基《き》準《じゅん》

ひみつ基《き》地《ち》。

規

音 キ
訓 —

規《き》則《そく》

直定《ちょくじょう》規《ぎ》

規《き》格品《かくひん》を作《つく》る。

漢字 2-④ 喜・技・義・逆

手本の漢字を指でなぞります。□には漢字を頭の中で思いうかべてから書きましょう。

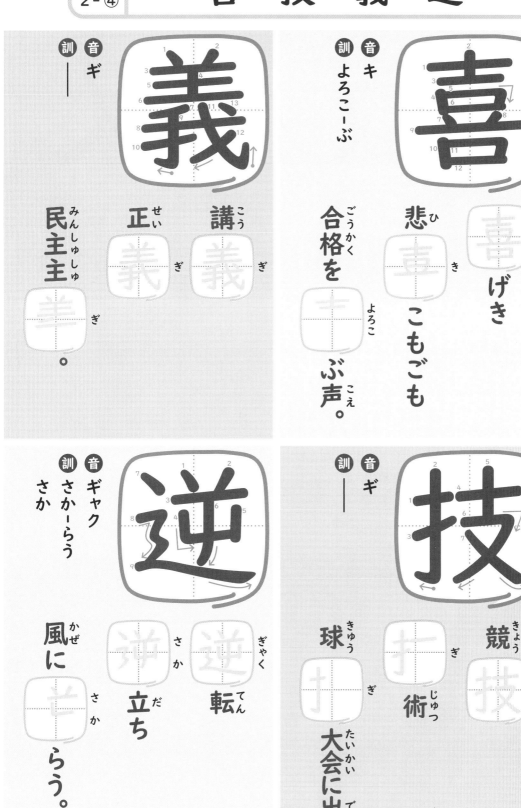

喜

音 キ
訓 よろこ-ぶ

喜《き》げき
悲《ひ》喜《き》こもごも
合格《ごうかく》を喜《よろこ》ぶ声《こえ》。

技

音 ギ
訓 ―

競《きょう》技《ぎ》
技《ぎ》術《じゅつ》
球《きゅう》技《ぎ》大会《たいかい》に出《で》る。

義

音 ギ
訓 ―

講《こう》義《ぎ》
正《せい》義《ぎ》
民主主《みんしゅしゅ》義《ぎ》。

逆

音 ギャク
訓 さか-らう
さか

逆《ぎゃく》転《てん》
逆《さか》立《だ》ち
風《かぜ》に逆《さか》らう。

漢字 2-⑤

久・旧・救・居

手本の漢字を指でなぞります。□には漢字を頭の中で思いうかべてから書きましょう。

久

音 キュウ
訓 ひさ-しい

永《えい》□《きゅう》

持《じ》□《きゅう》走《そう》

会《あ》って□《ひさ》しい。

旧

音 キュウ
訓 —

新《しん》□《きゅう》

□《きゅう》式《しき》

橋《はし》を復《ふっ》□《きゅう》する。

救

音 キュウ
訓 すく-う

□《きゅう》急車《きゅうしゃ》

□《きゅう》命《めい》

命《いのち》を□《すく》う仕事《しごと》。

居

音 キョ
訓 い-る

住《じゅう》□《きょ》

神社《じんじゃ》の鳥《とり》□《い》

庭《にわ》に□《い》る母《はは》。

漢字 2-⑥

読みのたしかめ

次の文を読んで、——を引いた漢字の読みを（　）に書きましょう。

① 結《むす》び目《め》を解く。

② 格差《さ》のない社会《しゃかい》。

③ 確かな学力《がくりょく》。

④ ねこの額ほどの庭《にわ》。

⑤ 朝《ちょう》刊の広告《こうこく》チラシ。

⑥ 新《しん》幹線《せん》に乗《の》る。

⑦ 新生活《しんせいかつ》に慣れる。

⑧ 肉《にく》眼で見《み》る。

⑨ 紀行文《こうぶん》を書《か》く。

⑩ 基その練習《れんしゅう》が大事《だいじ》。

⑪ 人《ひと》の近《ちか》くに寄る。

⑫ 規則《そく》を守《まも》る。

⑬ 友《とも》の無事《ぶじ》を喜ぶ。

⑭ 団体競《だんたいきょう》技で競《きそ》う。

⑮ 正《せい》義をつらぬく。

⑯ 流《なが》れに逆らう。

⑰ 持《じ》久走《そう》のタイム。

⑱ 国道《こくどう》が復《ふっ》旧する。

⑲ 愛《あい》が地球《ちきゅう》を救う。

⑳ 住《じゅう》居を定《さだ》める。

漢字 2-⑦

書きのたしかめ①

次の文を読んで、□にあてはまる漢字を頭の中で思いうかべてからなぞりましょう。

① 結《むす》び目《め》を解《と》く。

② 格《かく》差《さ》のない社会《しゃかい》。

③ 確《たし》かな学力《がくりょく》。

④ ねこの額《ひたい》ほどの庭《にわ》。

⑤ 朝《ちょう》刊《かん》の広告《こうこく》チラシ。

⑥ 新《しん》幹《かん》線《せん》に乗《の》る。

⑦ 新生活《しんせいかつ》に慣《な》れる。

⑧ 肉《にく》眼《がん》で見《み》る。

⑨ 紀《き》行文《こうぶん》を書《か》く。

⑩ 基《き》その練習《れんしゅう》が大事《だいじ》。

⑪ 人《ひと》の近《ちか》くに寄《よ》る。

⑫ 規《き》則《そく》を守《まも》る。

⑬ 友《とも》の無事《ぶじ》を喜《よろこ》ぶ。

⑭ 団体競《だんたいきょう》技《ぎ》で競《きそ》う。

⑮ 正《せい》義《ぎ》をつらぬく。

⑯ 流《なが》れに逆《さか》らう。

⑰ 持《じ》久《きゅう》走《そう》のタイム。

⑱ 国道《こくどう》が復《ふっ》旧《きゅう》する。

⑲ 愛《あい》が地球《ちきゅう》を救《すく》う。

⑳ 住《じゅう》居《きょ》を定《さだ》める。

漢字 2-⑧

書きのたしかめ ②

□ 次の文を読んで、□にあてはまる漢字を頭の中で思いうかべてから書きましょう。

① 結《むす》び目《め》を□《と》く。

② □《かく》差《さ》のない社会《しゃかい》。

③ □《たし》かな学力《がくりょく》。

④ ねこの□《ひたい》ほどの庭《にわ》。

⑤ 朝《ちょう》□《かん》の広告《こうこく》チラシ。

⑥ 新《しん》□《かん》線《せん》に乗《の》る。

⑦ 新生活《しんせいかつ》に□《な》れる。

⑧ 肉《にく》□《がん》で見《み》る。

⑨ □《き》行文《こうぶん》を書《か》く。

⑩ □《き》その練習《れんしゅう》が大事《だいじ》。

⑪ 人《ひと》の近《ちか》くに□《よ》る。

⑫ □《き》則《そく》を守《まも》る。

⑬ 友《とも》の無事《ぶじ》を□《よろこ》ぶ。

⑭ 団体競《だんたいきょう》□《ぎ》で競《きそ》う。

⑮ 正《せい》□《ぎ》をつらぬく。

⑯ 流《なが》れに□《さか》らう。

⑰ 持《じ》□《きゅう》走《そう》のタイム。

⑱ 国道《こくどう》が復《ふっ》□《きゅう》する。

⑲ 愛《あい》が地球《ちきゅう》を□《すく》う。

⑳ 住《じゅう》□《きょ》を定《さだ》める。

漢字 2-⑨

書きのたしかめ ③

□ 次の文を読んで、□にあてはまる漢字を頭の中で思いうかべてから書きましょう。

① 結《むす》び目《め》を□《と》く。

② □《かく》差《さ》のない社会《しゃかい》。

③ □《たし》かな学力《がくりょく》。

④ ねこの□《ひたい》ほどの庭《にわ》。

⑤ 朝《ちょう》□《かん》の広告《こうこく》チラシ。

⑥ 新《しん》□《かん》線《せん》に乗《の》る。

⑦ 新生活《しんせいかつ》に□《な》れる。

⑧ 肉《にく》□《がん》で見《み》る。

⑨ □《き》行文《こうぶん》を書《か》く。

⑩ □《き》その練習《れんしゅう》が大事《だいじ》。

⑪ 人《ひと》の近《ちか》くに□《よ》る。

⑫ □《き》則《そく》を守《まも》る。

⑬ 友《とも》の無事《ぶじ》を□《よろこ》ぶ。

⑭ 団体競《だんたいきょう》□《ぎ》で競《きそ》う。

⑮ 正《せい》□《ぎ》をつらぬく。

⑯ 流《なが》れに□《さか》らう。

⑰ 持《じ》□《きゅう》走《そう》のタイム。

⑱ 国道《こくどう》が復《ふっ》□《きゅう》する。

⑲ 愛《あい》が地球《ちきゅう》を□《すく》う。

⑳ 住《じゅう》□《きょ》を定《さだ》める。

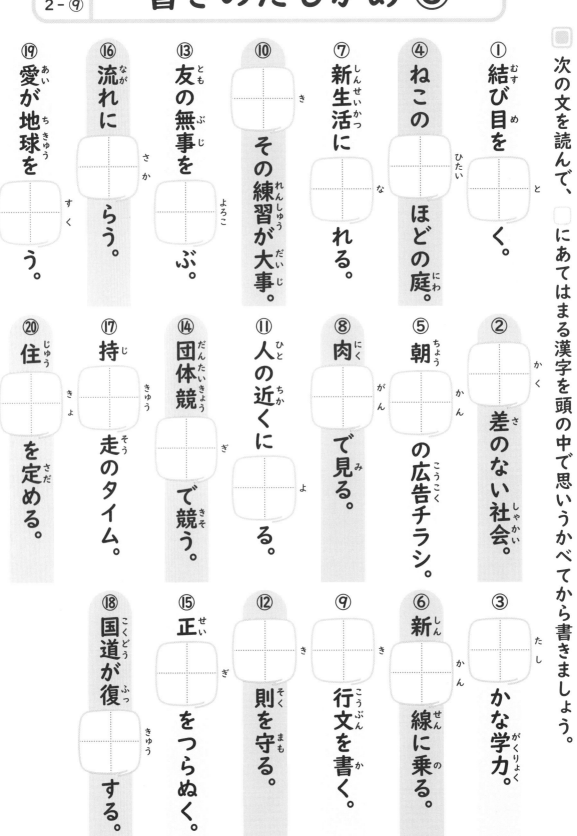

漢字めいろ ①

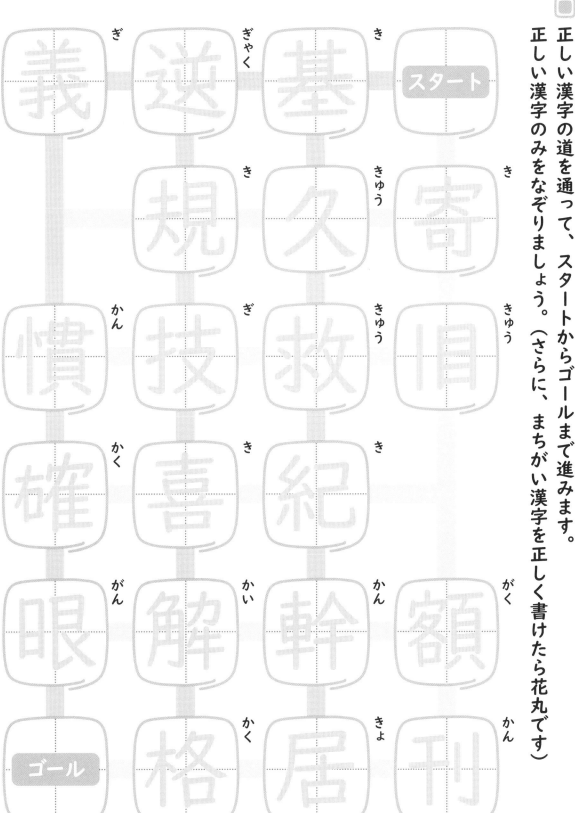

□ 正しい漢字の道を通って、スタートからゴールまで進みます。正しい漢字のみをなぞりましょう。（さらに、まちがい漢字を正しく書けたら花丸です）

義《ぎ》	逆《ぎゃく》	基《き》	スタート
	規《き》	久《きゅう》	寄《き》
慣《かん》	技《ぎ》	救《きゅう》	旧《きゅう》
確《かく》	喜《き》	紀《き》	
眼《がん》	解《かい》	幹《かん》	額《がく》
ゴール	格《かく》	居《きょ》	刊《かん》

漢字 3-①

許・境・均・禁

□ 手本の漢字を指でなぞります。□には漢字を頭の中で思いうかべてから書きましょう。

許

音 キョ
訓 ゆる-す

許《きょ》可《か》
許《きょ》容《よう》
失敗《しっぱい》を□《ゆる》す。

境

音 キョウ
訓 さかい

境《さかい》目《め》
国《こっ》□《きょう》
県《けん》□《きょう》の大《おお》きな川。

均

音 キン
訓 ―

平《へい》均《きん》
百《ひゃっ》均《きん》
□《きん》等《とう》に分《わ》ける。

禁

音 キン
訓 ―

禁《きん》止《し》
禁《きん》酒《しゅ》
油《ゆ》断《だん》□《きん》物《もっ》。

ゴール　スタート

漢字 3-②

句・型・経・潔

手本の漢字を指でなぞります。

□には漢字を頭の中で思いうかべてから書きましょう。

句

音 ク

訓 —

文《もん》句《く》

句《く》読点《とうてん》

俳《はい》句《く》を作《つく》る。

経

音 ケイ

訓 へ-る

経《けい》験《けん》

神《しん》経《けい》

年月《ねんげつ》を経《へ》る。

型

音 ケイ

訓 かた

典《てん》型《けい》

血液《けつえき》型《がた》

大《おお》型《がた》のテレビ。

潔

音 ケツ

訓 —

清《せい》潔《けつ》

潔《けつ》白《ぱく》

かん潔《けつ》に話《はな》す。

漢字 3-③

件・険・検・限

■ 手本の漢字を指でなぞります。
□には漢字を頭の中で思いうかべてから書きましょう。

件

音 ケン
訓 ―

事《じ》件《けん》
条《じょう》件《けん》
大事《だいじ》な用《よう》□《けん》。

険

音 ケン
訓 けわ-しい

保《ほ》険《けん》証《しょう》
険《けん》悪《あく》
□《けわ》しい山道《やまみち》。

検

音 ケン
訓 ―

検《けん》査《さ》
検《けん》定《てい》
お店《みせ》での□《けん》温《おん》。

限

音 ゲン
訓 かぎ-る

限《げん》定品《ていひん》
無《む》限《げん》
入《はい》る人数《にんずう》を□《かぎ》る。

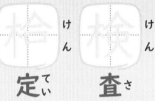

漢字 3-④ 現・減・故・個

■手本の漢字を指でなぞります。□には漢字を頭の中で思いうかべてから書きましょう。

現

音 ゲン
訓 あらわ-す　あらわ-れる

□《げん》在《ざい》

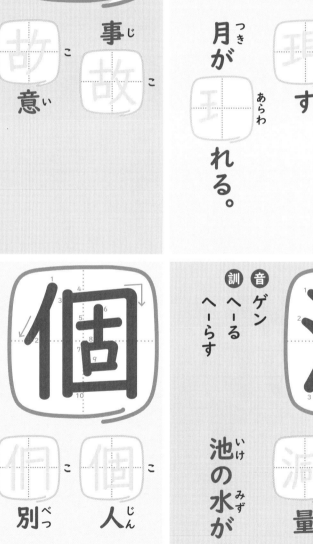

□《あらわ》す

月《つき》が□《あらわ》れる。

故

音 コ
訓 ―

事《じ》□《こ》

□《こ》意《い》

□《こ》事《じ》成《せい》語《ご》を使《つか》う。

減

音 ゲン
訓 へ-る　へ-らす

□《げん》少《しょう》

□《げん》量《りょう》

池《いけ》の水《みず》が□《へ》る。

個

音 コ
訓 ―

□《こ》人《じん》

□《こ》別《べつ》

□《こ》性《せい》をのばす。

漢字 3-⑤　護・効・厚・耕

□手本の漢字を指でなぞります。□には漢字を頭の中で思いうかべてから書きましょう。

護

音　ゴ
訓　―

保《ほ》護《ご》者《しゃ》

愛《あい》□《ご》

弁《べん》□《ご》士《し》になる。

厚

音　（コウ）
訓　あつ-い

分《ぶ》厚《あつ》い

□《あつ》手《で》

□《あつ》焼《や》きたまご。

効

音　コウ
訓　き-く

効《こう》果《か》的《てき》

有《ゆう》□《こう》

人《ひと》より薬《くすり》が□《き》く。

耕

音　コウ
訓　たがや-す

耕《こう》運《うん》機《き》

農《のう》□《こう》

畑《はたけ》を□《たがや》す会《かい》社《しゃ》。

漢字 3-⑥

読みのたしかめ

□ 次の文を読んで、—を引いた漢字の読みを（　）に書きましょう。

① 過《あやま》ちを許す。（　　）

② 境界線《かいせん》に立《た》ち入《い》る。（　　）

③ 機会《きかい》を均等《とう》にする。（　　）

④ 立《た》ち入《い》り禁止《し》。（　　）

⑤ 慣用《かんよう》句を使《つか》う。（　　）

⑥ 大《おお》型の台風《たいふう》に発達《はったつ》。（　　）

⑦ 手《て》続《つづ》きを経る。（　　）

⑧ 手《て》を清《せい》潔にする。（　　）

⑨ 昨日《きのう》事《じ》件がおきた。（　　）

⑩ 顔《かお》つきが険しい。（　　）

⑪ 車《くるま》の点《てん》検をする。（　　）

⑫ 子《こ》どもに限る。（　　）

⑬ 太陽《たいよう》が現れる。（　　）

⑭ 収入《しゅうにゅう》と支出《ししゅつ》が減る。（　　）

⑮ 交通《こうつう》事《じ》故にあう。（　　）

⑯ 個性的《せいてき》な人《ひと》に会《あ》う。（　　）

⑰ 養《よう》護老人《ろうじん》ホーム。（　　）

⑱ かぜに効く薬《くすり》。（　　）

⑲ 分《ぶ》厚い本《ほん》を買《か》う。（　　）

⑳ 心《こころ》を耕す日々《ひび》。（　　）

書きのたしかめ ①

□ 次の文を読んで、□にあてはまる漢字を頭の中で思いうかべてからなぞりましょう。

① 過《あやま》ちを許《ゆる》す。

② 境《きょう》界線《かいせん》に立《た》ち入《い》る。

③ 機会《きかい》を均《きん》等《とう》にする。

④ 立《た》ち入《い》り禁《きん》止《し》。

⑤ 慣用《かんよう》句《く》を使《つか》う。

⑥ 大《おお》型《がた》の台風《たいふう》に発達《はったつ》。

⑦ 手《て》続《つづ》きを経《へ》る。

⑧ 手《て》を清《せい》潔《けつ》にする。

⑨ 昨日《きのう》事《じ》件《けん》がおきた。

⑩ 顔《かお》つきが険《けわ》しい。

⑪ 車《くるま》の点《てん》検《けん》をする。

⑫ 子《こ》どもに限《かぎ》る。

⑬ 太陽《たいよう》が現《あらわ》れる。

⑭ 収入《しゅうにゅう》と支出《ししゅつ》が減《へ》る。

⑮ 交通《こうつう》事《じ》故《こ》にあう。

⑯ 個《こ》性的《せいてき》な人《ひと》に会《あ》う。

⑰ 養《よう》護《ご》老人《ろうじん》ホーム。

⑱ かぜに効《き》く薬《くすり》。

⑲ 分《ぶ》厚《あつ》い本《ほん》を買《か》う。

⑳ 心《こころ》を耕《たがや》す日々《ひび》。

書きのたしかめ ②

■ 次の文を読んで、□にあてはまる漢字を頭の中で思いうかべてから書きましょう。

① 過《あやま》ちを□《ゆる》す。

② □《きょう》界線《かいせん》に立《た》ち入《い》る。

③ 機会《きかい》を□《きん》等《とう》にする。

④ 立《た》ち入《い》り□《きん》止《し》。

⑤ 慣用《かんよう》□《く》を使《つか》う。

⑥ 大《おお》□《がた》の台風《たいふう》に発達《はったつ》。

⑦ 手《て》続《つづ》きを□《へ》る。

⑧ 手《て》を清《せい》□《けつ》にする。

⑨ 昨日《きのう》事《じ》□《けん》がおきた。

⑩ 顔《かお》つきが□《けわ》しい。

⑪ 車《くるま》の点《てん》□《けん》をする。

⑫ 子《こ》どもに□《かぎ》る。

⑬ 太陽《たいよう》が□《あらわ》れる。

⑭ 収入《しゅうにゅう》と支出《ししゅつ》が□《へ》る。

⑮ 交通事《こうつうじ》□《こ》にあう。

⑯ □《こ》性的《せいてき》な人《ひと》に会《あ》う。

⑰ 養《よう》□《ご》老人《ろうじん》ホーム。

⑱ かぜに□《き》く薬《くすり》。

⑲ 分《ぶ》□《あつ》い本《ほん》を買《か》う。

⑳ 心《こころ》を□《たがや》す日々《ひび》。

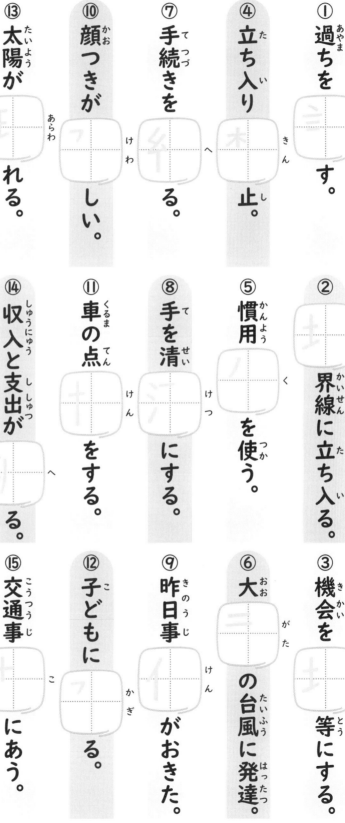

漢字 3-⑨

書きのたしかめ ③

□ 次の文を読んで、□にあてはまる漢字を頭の中で思いうかべてから書きましょう。

① 過《あやま》ちを□《ゆる》す。

② □《きょう》界線《かいせん》に立《た》ち入《い》る。

③ 機会《きかい》を□《きん》等《とう》にする。

④ 立《た》ち入《い》り□《きん》止《し》。

⑤ 慣用《かんよう》□《く》を使《つか》う。

⑥ 大《おお》□《がた》の台風《たいふう》に発達《はったつ》。

⑦ 手《て》続《つづ》きを□《へ》る。

⑧ 手《て》を清《せい》□《けつ》にする。

⑨ 昨日《きのう》事《じ》□《けん》がおきた。

⑩ 顔《かお》つきが□《けわ》しい。

⑪ 車《くるま》の点《てん》□《けん》をする。

⑫ 子《こ》どもに□《かぎ》る。

⑬ 太陽《たいよう》が□《あらわ》れる。

⑭ 収入《しゅうにゅう》と支出《ししゅつ》が□《へ》る。

⑮ 交通《こうつう》事《じ》□《こ》にあう。

⑯ □《こ》性的《せいてき》な人《ひと》に会《あ》う。

⑰ 養《よう》□《ご》老人《ろうじん》ホーム。

⑱ かぜに□《き》く薬《くすり》。

⑲ 分《ぶ》□《あつ》い本《ほん》を買《か》う。

⑳ 心《こころ》を□《たがや》す日々《ひび》。

漢字 3-⑩

正しい漢字みつけ！①

次の漢字は何画か書きたされた、まちがい漢字です。正しい部分のみをなぞって、漢字を見つけましょう。

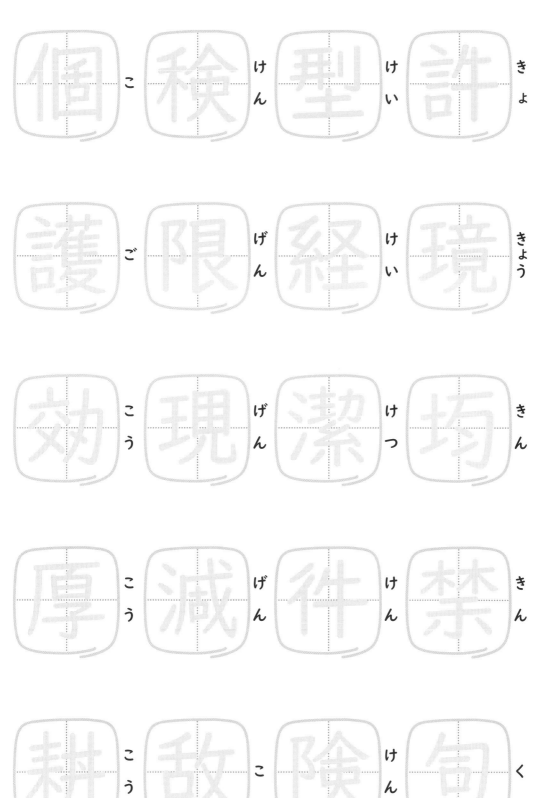

許《きょ》 境《きょう》 均《きん》 禁《きん》 句《く》

型《けい》 経《けい》 潔《けつ》 件《けん》 険《けん》

検《けん》 限《げん》 現《げん》 減《げん》 故《こ》

個《こ》 護《ご》 効《こう》 厚《こう》 耕《こう》

漢字 4-①

航・鉱・構・興

手本の漢字を指でなぞります。□には漢字を頭の中で思いうかべてから書きましょう。

航

音 コウ
訓 ―

航《こう》空《くう》機《き》

航《こう》海《かい》

嵐《あらし》で欠《けっ》航《こう》する。

構

音 コウ
訓 かま-える
かま-う

構《こう》想《そう》

構《こう》成《せい》

店《みせ》を構《かま》える。

鉱

音 コウ
訓 ―

鉄《てっ》鉱《こう》業《ぎょう》

鉱《こう》山《ざん》

鉄《てっ》鉱《こう》石《せき》を採《と》る。

興

音 コウ
キョウ
訓 ―

復《ふっ》興《こう》

興《きょう》味《み》

映《えい》画《が》の興《こう》行《ぎょう》。

漢字 4-②

講・告・混・査

手本の漢字を指でなぞります。□には漢字を頭の中で思いうかべてから書きましょう。

講

音 コウ
訓 ―

講《こう》演会《えんかい》

講《こう》義《ぎ》

英会話《えいかいわ》の講《こう》座《ざ》。

混

音 コン
訓 ま-ぜる　ま-じる　こ-む

混《こん》雑《ざつ》

混《こ》む道《みち》

色《いろ》が混《ま》ざる。

告

音 コク
訓 つ-げる

広《こう》告《こく》

告《こく》白《はく》

春《はる》を告《つ》げる雨《あめ》。

査

音 サ
訓 ―

調《ちょう》査《さ》

検《けん》査《さ》

期末考《きまつこう》査《さ》がある。

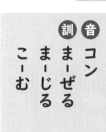

漢字 4-③ 再・災・妻・採

□ 手本の漢字を指でなぞります。□には漢字を頭の中で思いうかべてから書きましょう。

再

音 サイ ※サ
訓 ふたた-び

再《さい》会《かい》
再《さい》生《せい》
再《ふたた》び出《で》会《あ》う。

妻

音 サイ
訓 つま

夫《ふ》妻《さい》
妻《さい》子《し》
妻《つま》と夫《おっと》。

災

音 サイ
訓 —

火《か》災《さい》
災《さい》害《がい》
防《ぼう》災《さい》訓練《くんれん》をする。

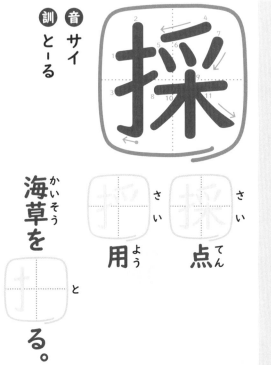

採

音 サイ
訓 と-る

採《さい》点《てん》
採《さい》用《よう》
海草《かいそう》を採《と》る。

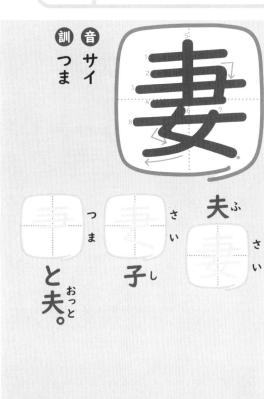

ゴール　スタート

漢字 4-④

際・在・財・罪

□ 手本の漢字を指でなぞります。
□ には漢字を頭の中で思いうかべてから書きましょう。

際

音 サイ
訓 —

実《じっ》際《さい》
国《こく》際《さい》
広《ひろ》く交《こう》□《さい》をする。

財

音 ザイ
訓 —

財《ざい》産《さん》
財《ざい》政《せい》
文《ぶん》化《か》□《ざい》の保《ほ》護《ご》。

在

音 ザイ
訓 あ-る

現《げん》在《ざい》
在《ざい》校生《こうせい》
会議《かいぎ》の□《あ》り方《かた》。

罪

音 ザイ
訓 つみ

犯《はん》罪《ざい》
無《む》罪《ざい》
□《つみ》をつぐなう。

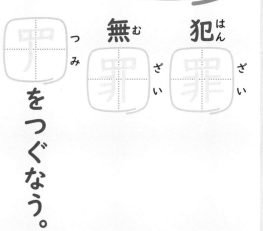

漢字 4-⑤

殺・雑・酸

□手本の漢字を指でなぞります。
□には漢字を頭の中で思いうかべてから書きましょう。

殺

音 サツ
訓 ころ-す

殺《さつ》人《じん》

殺《さっ》風《ぷう》景《けい》

息《いき》を殺《ころ》す。

酸

音 サン
訓 ―

酸《さん》素《そ》

酸《さん》性《せい》

炭《たん》酸《さん》水《すい》を飲《の》む。

雑

音 ザツ ゾウ
訓 ―

混《こん》雑《ざつ》

雑《ざっ》草《そう》

雑《ぞう》木《き》林《ばやし》を歩《ある》く。

漢字 4-⑥

読みのたしかめ

次の文を読んで、―を引いた漢字の読みを（　）に書きましょう。

① 港《みなと》を出《しゅっ》航する。（　　）

② 炭《たん》鉱がある町《まち》。（　　）

③ 新居《しんきょ》を構える。（　　）

④ 星《ほし》に興味《み》がある。（　　）

⑤ 講演会《えんかい》を開《ひら》く。（　　）

⑥ 行《い》き先《さき》を告げる。（　　）

⑦ 絵《え》の具《ぐ》が混ざる。（　　）

⑧ 実態調《じったいちょう》査をする。（　　）

⑨ 再び訪問《ほうもん》する。（　　）

⑩ 火《か》災が起《お》こる。（　　）

⑪ 大統領《だいとうりょう》夫《ふ》妻と会《あ》う。（　　）

⑫ 新人《しんじん》を採る。（　　）

⑬ 国《こく》際大会《たいかい》に出《で》る。（　　）

⑭ 在校生《こうせい》の代表《だいひょう》だ。（　　）

⑮ 財産《さん》が多《おお》い。（　　）

⑯ 人《ひと》に罪を着《き》せる。（　　）

⑰ 声《こえ》を殺して泣《な》く。（　　）

⑱ 店《みせ》が混《こん》雑する。（　　）

⑲ 二《に》酸化炭素《かたんそ》が増《ま》す。（　　）

漢字 4-⑦

書きのたしかめ①

□次の文を読んで、□にあてはまる漢字を頭の中で思いうかべてからなぞりましょう。

① 港《みなと》を出《しゅっ》航《こう》する。

② 炭《たん》鉱《こう》がある町《まち》。

③ 新居《しんきょ》を構《かま》える。

④ 星《ほし》に興《きょう》味《み》がある。

⑤ 講《こう》演会《えんかい》を開《ひら》く。

⑥ 行《い》き先《さき》を告《つ》げる。

⑦ 絵《え》の具《ぐ》が混《ま》ざる。

⑧ 実態調《じったいちょう》査《さ》をする。

⑨ 再《ふたた》び訪問《ほうもん》する。

⑩ 火《か》災《さい》が起《お》こる。

⑪ 大統領《だいとうりょう》夫《ふ》妻《さい》と会《あ》う。

⑫ 新人《しんじん》を採《と》る。

⑬ 国《こく》際《さい》大会《たいかい》に出《で》る。

⑭ 在《ざい》校生《こうせい》の代表《だいひょう》だ。

⑮ 財《ざい》産《さん》が多《おお》い。

⑯ 人《ひと》に罪《つみ》を着《き》せる。

⑰ 声《こえ》を殺《ころ》して泣《な》く。

⑱ 店《みせ》が混《こん》雑《ざつ》する。

⑲ 二《に》酸《さん》化炭素《かたんそ》が増《ま》す。

漢字 4－⑧

書きのたしかめ ②

□ 次の文を読んで、□にあてはまる漢字を頭の中で思いうかべてから書きましょう。

① 港《みなと》を出《しゅっ》□《こう》する。

② 炭《たん》□《こう》がある町《まち》。

③ 新居《しんきょ》を□《かま》える。

④ 星《ほし》に□《きょう》味《み》がある。

⑤ □《こう》演会《えんかい》を開《ひら》く。

⑥ 行《い》き先《さき》を□《つ》げる。

⑦ 絵《え》の具《ぐ》が□《ま》ざる。

⑧ 実態調《じったいちょう》□《さ》をする。

⑨ □《ふたた》び訪問《ほうもん》する。

⑩ 火《か》□《さい》が起《お》こる。

⑪ 大統領夫《だいとうりょうふ》□《さい》と会《あ》う。

⑫ 新人《しんじん》を□《と》る。

⑬ 国《こく》□《さい》大会《たいかい》に出《で》る。

⑭ □《ざい》校生《こうせい》の代表《だいひょう》だ。

⑮ □《ざい》産《さん》が多《おお》い。

⑯ 人《ひと》に□《つみ》を着《き》せる。

⑰ 声《こえ》を□《ころ》して泣《な》く。

⑱ 店《みせ》が混《こん》□《ざつ》する。

⑲ 二《に》□《さん》化炭素《かたんそ》が増《ま》す。

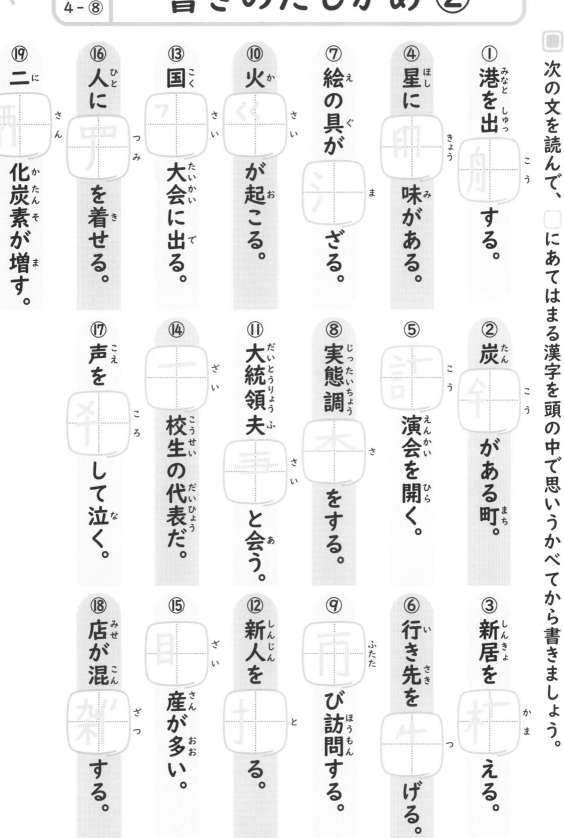

書きのたしかめ ③

□ 次の文を読んで、□にあてはまる漢字を頭の中で思いうかべてから書きましょう。

① 港《みなと》を出《しゅっ》□《こう》する。

② 炭《たん》□《こう》がある町《まち》。

③ 新居《しんきょ》を□《かま》える。

④ 星《ほし》に□《きょう》味《み》がある。

⑤ □《こう》演会《えんかい》を開《ひら》く。

⑥ 行《い》き先《さき》を□《つ》げる。

⑦ 絵《え》の具《ぐ》が□《ま》ざる。

⑧ 実態調《じったいちょう》□《さ》をする。

⑨ □《ふたた》び訪問《ほうもん》する。

⑩ 火《か》□《さい》が起《お》こる。

⑪ 大統領《だいとうりょう》夫《ふ》□《さい》と会《あ》う。

⑫ 新人《しんじん》を□《と》る。

⑬ 国《こく》□《さい》大会《たいかい》に出《で》る。

⑭ □《ざい》校生《こうせい》の代表《だいひょう》だ。

⑮ □《ざい》産《さん》が多《おお》い。

⑯ 人《ひと》に□《つみ》を着《き》せる。

⑰ 声《こえ》を□《ころ》して泣《な》く。

⑱ 店《みせ》が混《こん》□《ざつ》する。

⑲ 二《に》□《さん》化炭素《かたんそ》が増《ま》す。

漢字みつけ！②

□ 次の図の中から、今回学習した漢字を十九字見つけましょう。見つけた漢字はなぞりましょう。

漢字 5-①

賛・士・支・史

■ 手本の漢字を指でなぞります。□には漢字を頭の中で思いうかべてから書きましょう。

賛

音 サン
訓 ―

□《さん》成《せい》

□《さん》同《どう》

自画自《じがじ》□《さん》する。

支

音 シ
訓 ささ-える

□《し》出《しゅつ》

□《し》店《てん》

柱《はしら》を□《ささ》える木《き》。

士

音 シ
訓 ―

武《ぶ》□《し》

消防《しょうぼう》□《し》

医学博《いがくはく》□《し》になる。

史

音 シ
訓 ―

歴《れき》□《し》

世界《せかい》□《し》

□《し》上最大《じょうさいだい》の事件《じけん》。

漢字 5-②

志・枝・師・資

□ 手本の漢字を指でなぞります。□には漢字を頭の中で思いうかべてから書きましょう。

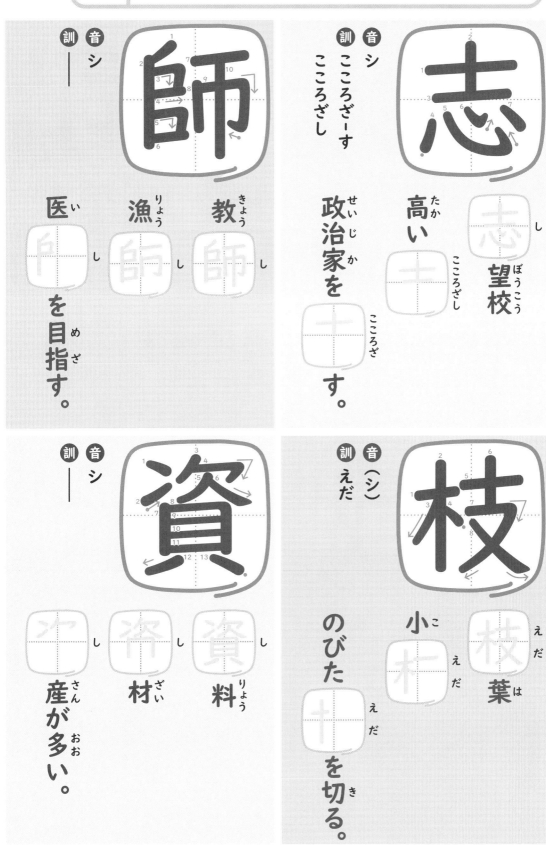

志

音 シ

訓 こころざ-す　こころざし

志《し》望《ぼう》校《こう》

高《たか》い志《こころざし》

政《せい》治《じ》家《か》を志《こころざ》す。

師

音 シ

訓 ―

教《きょう》師《し》

漁《りょう》師《し》

医《い》師《し》を目《め》指《ざ》す。

枝

音 （シ）

訓 えだ

枝《えだ》葉《は》

小《こ》枝《えだ》

のびた枝《えだ》を切《き》る。

資

音 シ

訓 ―

資《し》料《りょう》

資《し》材《ざい》

資《し》産《さん》が多《おお》い。

漢字 5-③ 飼・示・似・識

手本の漢字を指でなぞります。□には漢字を頭の中で思いうかべてから書きましょう。

飼

音 シ
訓 か-う

飼《し》育《いく》
飼《か》い主《ぬし》
夢《ゆめ》で犬《いぬ》を飼《か》う。

似

音 （ジ）
訓 に-る

似《に》顔《がお》絵《え》
空《そら》似《に》
この服《ふく》が似《に》合《あ》う。

示

音 ジ
訓 しめ-す

表《ひょう》示《じ》
暗《あん》示《じ》
人《ひと》に手本《てほん》を示《しめ》す。

識

音 シキ
訓 ―

知《ち》識《しき》
標《ひょう》識《しき》
常《じょう》識《しき》で判断《はんだん》。

郵 便 は が き

料金受取人払郵便

大阪北局
承 認
3902

差出有効期間
2022年5月31日まで
※切手を貼らずに
お出しください。

５３０-８７９０

１５４

大阪市北区兎我野町15－13
ミユキビル

フォーラム・A
愛読者係 行

愛読者カード ご購入ありがとうございます。

フリガナ		性別	男 ・ 女
お名前		年齢	歳
TEL FAX	(　　)	ご職業	
ご住所	〒　　ー		
E-mail	@		

ご記入いただいた個人情報は、当社の出版の参考にのみ活用させていただきます。
第三者には一切開示いたしません。

□学力がアップする教材満載のカタログ送付を希望します。

●ご購入書籍・プリント名

●本書（プリント含む）を何でお知りになりましたか？（あてはまる数字に○をつけてください。）

1．書店で実物を見て
（書店名　　　　　　　　　　　　）

2．ネットで見て

3．広告を見て
（新聞・雑誌名　　　　　　　　　　）

4．書評・紹介記事を見て
（新聞・雑誌名　　　　　　　　　　）

5．友人・知人から紹介されて

6．その他（　　　　　　　　　　）

●本書の内容にはご満足いただけたでしょうか？（あてはまる数字に○をつけてください。）

たいへん満足　5　4　3　2　1　不満

●ご意見・ご感想、本書の内容に関してのご質問、また今後欲しい商品のアイデアがありましたら下欄にご記入ください。
おハガキをいただいた方の中から抽選で10名様に2,000円分の図書カードをプレゼントいたします。当選の発表は、賞品の発送をもってかえさせていただきます。

ご感想を小社HP等で匿名でご紹介させていただく場合もございます。　□可　□不可

小社の出版物はお近くの書店にご注文ください。　　ご協力ありがとうございました。

漢字 5-④ 質・舎・謝・授

■手本の漢字を指でなぞります。□には漢字を頭の中で思いうかべてから書きましょう。

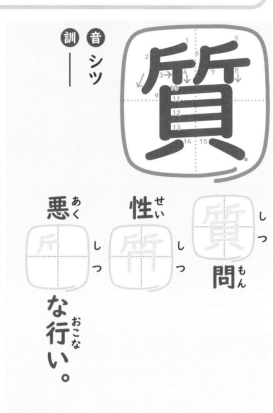

質

音 シツ
訓 ―

□《しつ》問《もん》

性《せい》□《しつ》

悪《あく》□《しつ》な行《おこな》い。

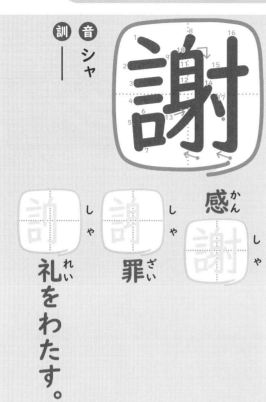

謝

音 シャ
訓 ―

感《かん》□《しゃ》

□《しゃ》罪《ざい》

□《しゃ》礼《れい》をわたす。

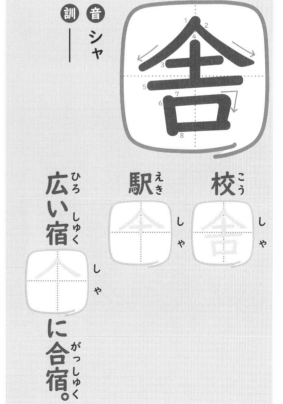

舎

音 シャ
訓 ―

校《こう》□《しゃ》

駅《えき》□《しゃ》

広《ひろ》い宿《しゅく》□《しゃ》に合宿《がっしゅく》。

授

音 ジュ
訓 ―

□《じゅ》業《ぎょう》

□《じゅ》賞式《しょうしき》

大学教《だいがくきょう》□《じゅ》の教《おし》え。

漢字 5-⑤

修・述・術

手本の漢字を指でなぞります。□には漢字を頭の中で思いうかべてから書きましょう。

修

音 シュウ

訓 おさ-める　おさ-まる

修《しゅう》理《り》

修《しゅう》正《せい》

学業《がくぎょう》を修《おさ》める。

述

音 ジュツ

訓 の-べる

述《じゅつ》語《ご》

記《き》述《じゅつ》

感想《かんそう》を述《の》べる。

術

音 ジュツ

訓 ―

技《ぎ》術《じゅつ》

芸《げい》術《じゅつ》

手《しゅ》術《じゅつ》が成功《せいこう》する。

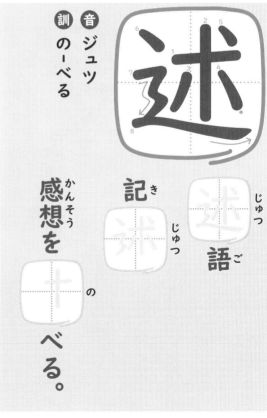

ゴール　スタート

漢字 5-⑥

読みのたしかめ

次の文を読んで、――を引いた漢字の読みを（　）に書きましょう。

① 賛成《せい》意見《いけん》を述《の》べる。（　）

② 消防《しょうぼう》士を目指《めざ》す。（　）

③ 岩《いわ》を両手《りょうて》で支える。（　）

④ 師《し》から歴《れき》史を学《まな》ぶ。（　）

⑤ 学問《がくもん》を志す。（　）

⑥ 枝がグンとのびる。（　）

⑦ 手品《てじな》師になる。（　）

⑧ 資料《りょう》に目《め》を通《とお》す。（　）

⑨ ペットを飼う。（　）

⑩ 決意《けつい》を示す言葉《ことば》。（　）

⑪ 父親《ちちおや》似の子《こ》。（　）

⑫ 知《ち》識が多《おお》い。（　）

⑬ 代表《だいひょう》で質問《もん》をする。（　）

⑭ 夕方《ゆうがた》の校《こう》舎。（　）

⑮ いつも感《かん》謝する。（　）

⑯ 授業《ぎょう》を受《う》ける。（　）

⑰ 英語《えいご》を修める。（　）

⑱ 意見《いけん》を述べる。（　）

⑲ 馬《ば》術の選手《せんしゅ》の人生《じんせい》。（　）

漢字 5-⑦

書きのたしかめ①

次の文を読んで、□にあてはまる漢字を頭の中で思いうかべてからなぞりましょう。

① 賛《さん》成意見《せいいけん》を述《の》べる。

② 消防《しょうぼう》士《し》を目指《めざ》す。

③ 岩《いわ》を両手《りょうて》で支《ささ》える。

④ 師《し》から歴《れき》史《し》を学《まな》ぶ。

⑤ 学問《がくもん》を志《こころざ》す。

⑥ 枝《えだ》がグンとのびる。

⑦ 手品《てじな》師《し》になる。

⑧ 資《し》料《りょう》に目《め》を通《とお》す。

⑨ ペットを飼《か》う。

⑩ 決意《けつい》を示《しめ》す言葉《ことば》。

⑪ 父親《ちちおや》似《に》の子《こ》。

⑫ 知《ち》識《しき》が多《おお》い。

⑬ 代表《だいひょう》で質《しつ》問《もん》をする。

⑭ 夕方《ゆうがた》の校《こう》舎《しゃ》。

⑮ いつも感《かん》謝《しゃ》する。

⑯ 授《じゅ》業《ぎょう》を受《う》ける。

⑰ 英語《えいご》を修《おさ》める。

⑱ 意見《いけん》を述《の》べる。

⑲ 馬《ば》術《じゅつ》の選手《せんしゅ》の人生《じんせい》。

漢字 5-⑧

書きのたしかめ ②

次の文を読んで、□にあてはまる漢字を頭の中で思いうかべてから書きましょう。

① □《さん》成《せい》意見《いけん》を述《の》べる。

② 消防《しょうぼう》□《し》を目指《めざ》す。

③ 岩《いわ》を両手《りょうて》で□《ささ》える。

④ 師《し》から歴《れき》□《し》を学《まな》ぶ。

⑤ 学問《がくもん》を□《こころざ》す。

⑥ □《えだ》がグンとのびる。

⑦ 手品《てじな》□《し》になる。

⑧ □《し》料《りょう》に目《め》を通《とお》す。

⑨ ペットを□《か》う。

⑩ 決意《けつい》を□《しめ》す言葉《ことば》。

⑪ 父親《ちちおや》□《に》の子《こ》。

⑫ 知《ち》□《しき》が多《おお》い。

⑬ 代表《だいひょう》で□《しつ》問《もん》をする。

⑭ 夕方《ゆうがた》の校《こう》□《しゃ》。

⑮ いつも感《かん》□《しゃ》する。

⑯ □《じゅ》業《ぎょう》を受《う》ける。

⑰ 英語《えいご》を□《おさ》める。

⑱ 意見《いけん》を□《の》べる。

⑲ 馬《ば》□《じゅつ》の選手《せんしゅ》の人生《じんせい》。

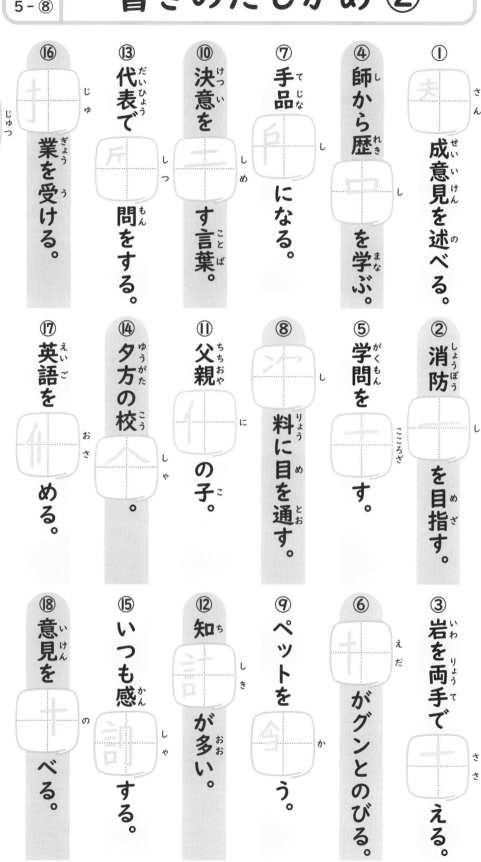

かん字 5-⑨

書きのたしかめ③

次の文を読んで、□にあてはまる漢字を頭の中で思いうかべてから書きましょう。

① □《さん》成《せい》意見《いけん》を述《の》べる。

② 消防《しょうぼう》□《し》を目指《めざ》す。

③ 岩《いわ》を両手《りょうて》で□《ささ》える。

④ 師《し》から歴《れき》□《し》を学《まな》ぶ。

⑤ 学問《がくもん》を□《こころざ》す。

⑥ □《えだ》がグンとのびる。

⑦ 手品《てじな》□《し》になる。

⑧ □《し》料《りょう》に目《め》を通《とお》す。

⑨ ペットを□《か》う。

⑩ 決意《けつい》を□《しめ》す言葉《ことば》。

⑪ 父親《ちちおや》□《に》の子《こ》。

⑫ 知《ち》□《しき》が多《おお》い。

⑬ 代表《だいひょう》で□《しつ》問《もん》をする。

⑭ 夕方《ゆうがた》の校《こう》□《しゃ》。

⑮ いつも感《かん》□《しゃ》する。

⑯ □《じゅ》業《ぎょう》を受《う》ける。

⑰ 英語《えいご》を□《おさ》める。

⑱ 意見《いけん》を□《の》べる。

⑲ 馬《ば》□《じゅつ》の選手《せんしゅ》の人生《じんせい》。

漢字 5-⑩

漢字めいろ ②

正しい漢字の道を通って、スタートからゴールまで進みます。正しい漢字のみをなぞりましょう。（さらに、まちがい漢字を正しく書けたら花丸です）

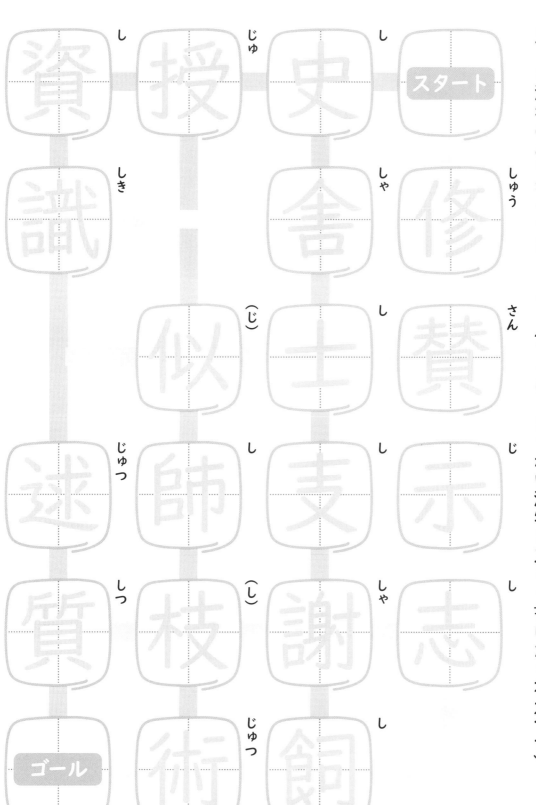

資《し》	授《じゅ》	史《し》	スタート
識《しき》		舎《しゃ》	修《しゅう》
	似《(じ)》	士《し》	賛《さん》
述《じゅつ》	師《し》	支《し》	示《じ》
質《しつ》	枝《(し)》	謝《しゃ》	志《し》
ゴール	術《じゅつ》	飼《し》	

漢字 6-①

準・序・招・証

手本の漢字を指でなぞります。□には漢字を頭の中で思いうかべてから書きましょう。

準

音 ジュン
訓 ―

準《じゅん》備《び》

水《すい》準《じゅん》

準《じゅん》決勝《けっしょう》に進《すす》む。

序

音 ジョ
訓 ―

序《じょ》曲《きょく》

序《じょ》列《れつ》

順《じゅん》序《じょ》よく並《なら》ぶ。

招

音 ショウ
訓 まね-く

招《しょう》待《たい》

招《しょう》集《しゅう》

家《いえ》に招《まね》く。

証

音 ショウ
訓 ―

証《しょう》言《げん》

証《しょう》人《にん》

保《ほ》証《しょう》期間《きかん》を示《しめ》す。

漢字 6-② 象・賞・条・状

□ 手本の漢字を指でなぞります。
□ には漢字を頭の中で思いうかべてから書きましょう。

象

音 ショウ ゾウ
訓 —

印《いん》□《しょう》
気《き》□《しょう》台《だい》
□《ぞう》の足《あし》あと。

条

音 ジョウ
訓 —

□《じょう》件《けん》
信《しん》□《じょう》
ラムサール□《じょう》約《やく》。

賞

音 ショウ
訓 —

□《しょう》金《きん》
一等《いっとう》□《しょう》
□《しょう》状《じょう》をもらう。

状

音 ジョウ
訓 —

□《じょう》態《たい》
案内《あんない》□《じょう》
年賀《ねんが》□《じょう》を出《だ》す。

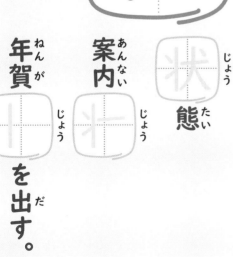

漢字 6-③

常・情・織・職

□ 手本の漢字を指でなぞります。□には漢字を頭の中で思いうかべてから書きましょう。

常

音 ジョウ
訓 つね

日《にち》□《じょう》

正《せい》□《じょう》

□《つね》に努力《どりょく》する。

情

音 ジョウ
訓 なさ-け

□《じょう》報《ほう》

愛《あい》□《じょう》

□《なさ》け深《ぶか》い人《ひと》。

織

音 （ショク） シキ
訓 お-る

組《そ》□《しき》

□《おり》ひめ

布《ぬの》を□《お》る。

職

音 ショク
訓 ―

□《しょく》業《ぎょう》

□《しょく》場《ば》

□《しょく》員室《いんしつ》に行《い》く。

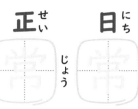

漢字 6-④ 制・性・政・勢

□ 手本の漢字を指でなぞります。

□ には漢字を頭の中で思いうかべてから書きましょう。

制

音 セイ

訓 —

制《せい》服《ふく》

制《せい》限《げん》

教育《きょういく》の制《せい》度《ど》。

政

音 セイ

訓 —

政《せい》府《ふ》

政《せい》党《とう》

母親《ははおや》が政《せい》治《じ》家《か》だ。

性

音 セイ

訓 —

性《せい》格《かく》

可能《かのう》性《せい》

個《こ》性《せい》的《てき》な人《ひと》。

勢

音 セイ

訓 いきお-い

勢《せい》力《りょく》

運《うん》勢《せい》

筆《ふで》に勢《いきお》いがある。

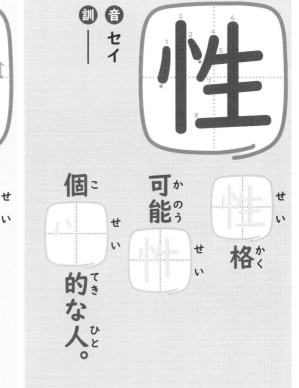

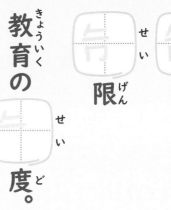

漢字 6-⑤

精・製・税

□ 手本の漢字を指でなぞります。

□には漢字を頭の中で思いうかべてから書きましょう。

精
音 セイ
訓 ―

精《せい》神《しん》
精《せい》読《どく》
仕事《しごと》に□《せい》を出《だ》す。

製
音 セイ
訓 ―

製《せい》品《ひん》
製《せい》作《さく》
日本《にほん》□《せい》の車《くるま》。

税
音 ゼイ
訓 ―

税《ぜい》金《きん》
関《かん》税《ぜい》
消費《しょうひ》□《ぜい》をはらう。

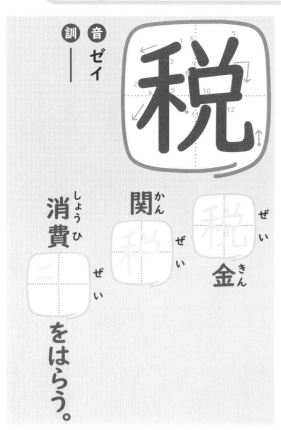

ゴール　スタート

漢字 6-⑥

読みのたしかめ

次の文を読んで、――を引いた漢字の読みを（　）に書きましょう。

① 準備《び》を進《すす》める。

② 本《ほん》の序文《ぶん》を書《か》く。

③ 家《いえ》に友人《ゆうじん》を招く。

④ 身元《みもと》を保《ほ》証する。

⑤ 印《いん》象が強《つよ》い人《ひと》。

⑥ 賞金《きん》をもらう。

⑦ 条件《けん》を満《み》たす。

⑧ 年《ねん》賀《が》状のやりとり。

⑨ 常に笑《え》顔《がお》の人《ひと》。

⑩ 愛《あい》情をそそぐ。

⑪ はたを織るツル。

⑫ 働《はたら》きやすい職場《ば》。

⑬ 青《あお》い制服《ふく》を着《き》る。

⑭ 性格《かく》のいい人《ひと》。

⑮ 議《ぎ》会《かい》政治《じ》で決《き》める。

⑯ 勢いよく流《なが》れる。

⑰ 精も根《こん》もつきる。

⑱ 新《あたら》しい製品《ひん》を作《つく》る。

⑲ 税金《きん》をはらう義務《ぎむ》。

漢字 6-⑦

書きのたしかめ ①

□ 次の文を読んで、□にあてはまる漢字を頭の中で思いうかべてからなぞりましょう。

① 準《じゅん》備《び》を進《すす》める。

② 本《ほん》の序《じょ》文《ぶん》を書《か》く。

③ 家《いえ》に友人《ゆうじん》を招《まね》く。

④ 身元《みもと》を保《ほ》証《しょう》する。

⑤ 印《いん》象《しょう》が強《つよ》い人《ひと》。

⑥ 賞《しょう》金《きん》をもらう。

⑦ 条《じょう》件《けん》を満《み》たす。

⑧ 年賀《ねんが》状《じょう》のやりとり。

⑨ 常《つね》に笑顔《えがお》の人《ひと》。

⑩ 愛《あい》情《じょう》をそそぐ。

⑪ はたを織《お》るツル。

⑫ 働《はたら》きやすい職《しょく》場《ば》。

⑬ 青《あお》い制《せい》服《ふく》を着《き》る。

⑭ 性《せい》格《かく》のいい人《ひと》。

⑮ 議会《ぎかい》政《せい》治《じ》で決《き》める。

⑯ 勢《いきお》いよく流《なが》れる。

⑰ 精《せい》も根《こん》もつきる。

⑱ 新《あたら》しい製《せい》品《ひん》を作《つく》る。

⑲ 税《ぜい》金《きん》をはらう義務《ぎむ》。

書きのたしかめ ②

□ 次の文を読んで、□にあてはまる漢字を頭の中で思いうかべてから書きましょう。

① □《じゅん》備《び》を進《すす》める。

② 本《ほん》の□《じょ》文《ぶん》を書《か》く。

③ 家《いえ》に友人《ゆうじん》を□《まね》く。

④ 身元《みもと》を保《ほ》□《しょう》する。

⑤ 印《いん》□《しょう》が強《つよ》い人《ひと》。

⑥ □《しょう》金《きん》をもらう。

⑦ □《じょう》件《けん》を満《み》たす。

⑧ 年賀《ねんが》□《じょう》のやりとり。

⑨ □《つね》に笑顔《えがお》の人《ひと》。

⑩ 愛《あい》□《じょう》をそそぐ。

⑪ はたを□《お》るツル。

⑫ 働《はたら》きやすい□《しょく》場《ば》。

⑬ 青《あお》い□《せい》服《ふく》を着《き》る。

⑭ □《せい》格《かく》のいい人《ひと》。

⑮ 議会《ぎかい》□《せい》治《じ》で決《き》める。

⑯ □《いきお》いよく流《なが》れる。

⑰ □《せい》も根《こん》もつきる。

⑱ 新《あたら》しい□《せい》品《ひん》を作《つく》る。

⑲ □《ぜい》金《きん》をはらう義務《ぎむ》。

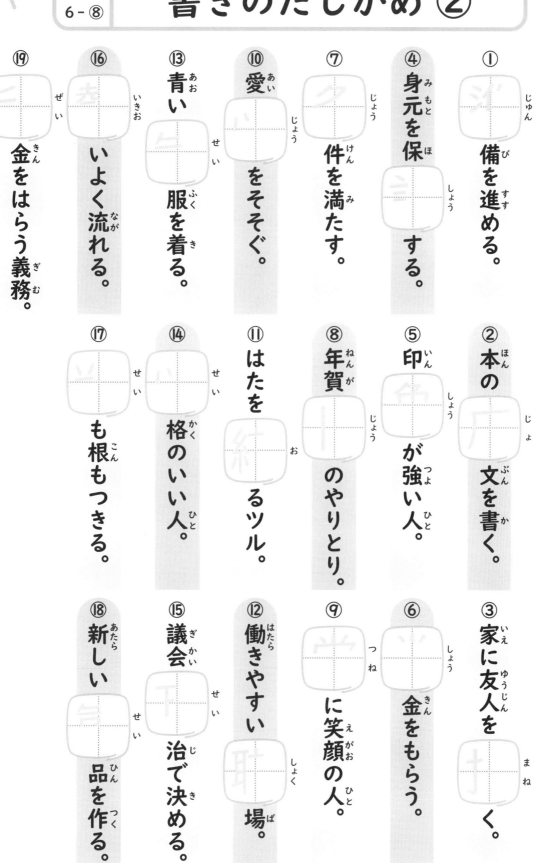

書きのたしかめ ③

□ 次の文を読んで、□にあてはまる漢字を頭の中で思いうかべてから書きましょう。

① □《じゅん》備《び》を進《すす》める。

② 本《ほん》の□《じょ》文《ぶん》を書《か》く。

③ 家《いえ》に友人《ゆうじん》を□《まね》く。

④ 身元《みもと》を保《ほ》□《しょう》する。

⑤ 印《いん》□《しょう》が強《つよ》い人《ひと》。

⑥ □《しょう》金《きん》をもらう。

⑦ □《じょう》件《けん》を満《み》たす。

⑧ 年賀《ねんが》□《じょう》のやりとり。

⑨ □《つね》に笑顔《えがお》の人《ひと》。

⑩ 愛《あい》□《じょう》をそそぐ。

⑪ はたを□《お》るツル。

⑫ 働《はたら》きやすい□《しょく》場《ば》。

⑬ 青《あお》い□《せい》服《ふく》を着《き》る。

⑭ □《せい》格《かく》のいい人《ひと》。

⑮ 議会《ぎかい》□《せい》治《じ》で決《き》める。

⑯ □《いきお》いよく流《なが》れる。

⑰ □《せい》も根《こん》もつきる。

⑱ 新《あたら》しい□《せい》品《ひん》を作《つく》る。

⑲ □《ぜい》金《きん》をはらう義務《ぎむ》。

漢字
6-⑩

正しい漢字みつけ！②

次の漢字は何画か書きたされた、まちがい漢字です。正しい部分のみをなぞって、漢字を見つけましょう。

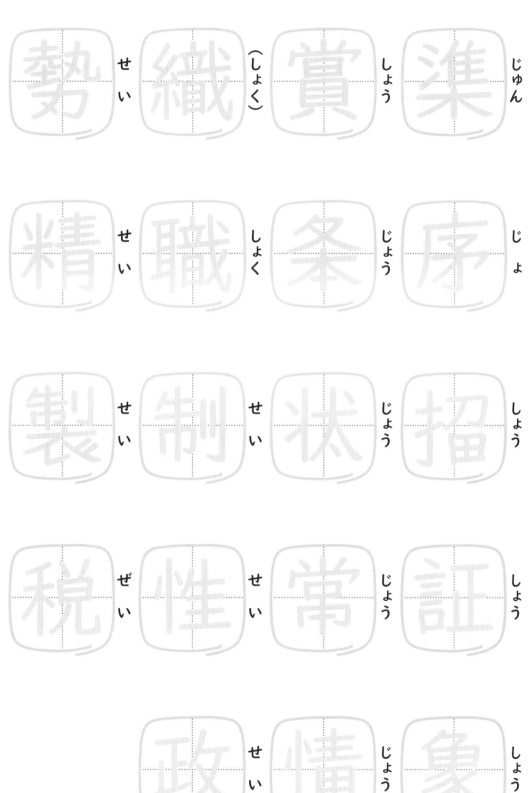

準《じゅん》
序《じょ》
招《しょう》
証《しょう》
象《しょう》

賞《しょう》
条《じょう》
状《じょう》
常《じょう》
情《じょう》

織《(しょく)》
職《しょく》
制《せい》
性《せい》
政《せい》

勢《せい》
精《せい》
製《せい》
税《ぜい》

漢字 7-①

責・績・接・設

手本の漢字を指でなぞります。□には漢字を頭の中で思いうかべてから書きましょう。

責

音 セキ
訓 せ-める

□《せき》任《にん》

自《じ》□《せき》

失敗《しっぱい》を□《せ》める。

接

音 セツ
訓 ―

直《ちょく》□《せつ》

□《せつ》近《きん》

面《めん》□《せつ》試験《しけん》がある。

績

音 セキ
訓 ―

成《せい》□《せき》

実《じっ》□《せき》

業《ぎょう》□《せき》を上《あ》げる。

設

音 セツ
訓 もう-ける

建《けん》□《せつ》

□《せつ》計《けい》

席《せき》を□《もう》ける。

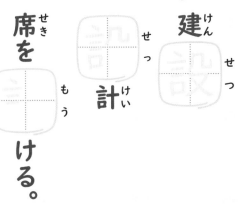

ゴール　スタート

漢字 7-②

絶・祖・素・総

■手本の漢字を指でなぞります。□には漢字を頭の中で思いうかべてから書きましょう。

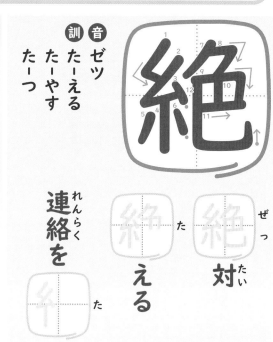

絶

音 ゼツ
訓 た-える　た-やす　た-つ

絶《ぜつ》対《たい》

絶《た》える

連絡《れんらく》を絶《た》つ。

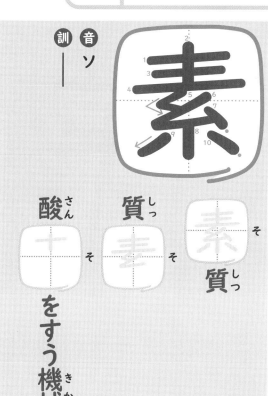

素

音 ソ
訓 —

素《そ》質《しつ》

質《しっ》素《そ》

酸《さん》素《そ》をすう機械《きかい》。

祖

音 ソ
訓 —

祖《そ》先《せん》

祖《そ》父《ふ》

祖《そ》国《こく》に帰《かえ》る。

総

音 ソウ
訓 —

総《そう》合《ごう》

総《そう》選挙《せんきょ》

総《そう》理大臣《りだいじん》に指名《しめい》。

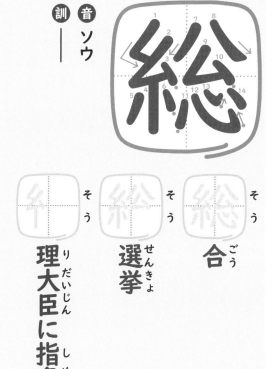

漢字 7-③

造・像・増・則

■ 手本の漢字を指でなぞります。□には漢字を頭の中で思いうかべてから書きましょう。

造

音 ゾウ
訓 つく-る

製《せい》□《ぞう》
□《ぞう》花《か》
船《ふね》を□《つく》る工場《こうじょう》。

増

音 ゾウ
訓 ま-す　ふ-える　ふ-やす

□《ぞう》加《か》
□《ま》す
客《きゃく》の数《かず》が□《ふ》える。

像

音 ゾウ
訓 —

想《そう》□《ぞう》
仏《ぶつ》□《ぞう》
銅《どう》□《ぞう》を作《つく》る。

則

音 ソク
訓 —

規《き》□《そく》
反《はん》□《そく》
校《こう》□《そく》を守《まも》る。

漢字 7-④

測・属・率・損

手本の漢字を指でなぞります。
□には漢字を頭の中で思いうかべてから書きましょう。

測

音 ソク
訓 はか-る

観《かん》測《そく》
測《そく》定《てい》
面《めん》積《せき》を測《はか》る。

率

音 (ソツ) リツ
訓 ひき-いる

確《かく》率《りつ》
倍《ばい》率《りつ》
軍《ぐん》を率《ひき》いる。

属

音 ゾク
訓 —

所《しょ》属《ぞく》
金《きん》属《ぞく》バット
付《ふ》属《ぞく》品《ひん》の整《せい》理《り》。

損

音 ソン
訓 —

損《そん》害《がい》
損《そん》失《しっ》
損《そん》得《とく》を考《かんが》える。

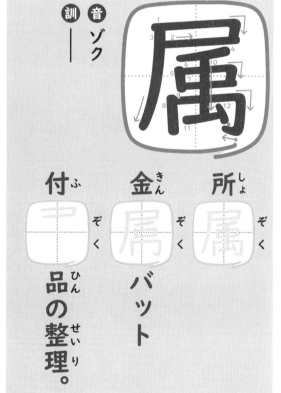

貸・態・団

□ 手本の漢字を指でなぞります。□には漢字を頭の中で思いうかべてから書きましょう。

貸

音 （タイ）
訓 か-す

貸《かし》家《や》

貸《か》し手《て》

好《す》きな本《ほん》を貸《か》す。

態

音 タイ
訓 —

実《じっ》態《たい》

状《じょう》態《たい》

まじめな態《たい》度《ど》。

団

音 ダン
訓 —

団《だん》体《たい》

集《しゅう》団《だん》

団《だん》結《けっ》を見《み》せる。

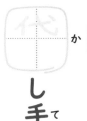

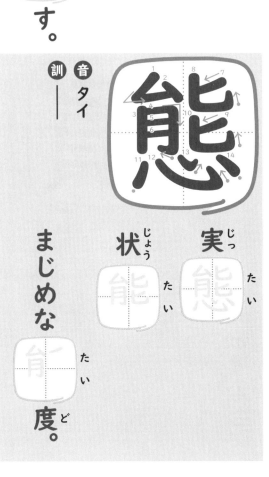

漢字 7-⑥

読みのたしかめ

□ 次の文を読んで、――を引いた漢字の読みを（　）に書きましょう。

① 自分《じぶん》を責める。

② 成《せい》績が上《あ》がる。

③ 客《きゃく》を接待《たい》する。

④ 会《あ》う時間《じかん》を設ける。

⑤ 酒《さけ》を絶つと約束《やくそく》。

⑥ 祖先《せん》をまつる。

⑦ 質《しっ》素な生活《せいかつ》。

⑧ 総額《がく》を計算《けいさん》する。

⑨ 米《こめ》から酒《さけ》を造る。

⑩ 仏《ぶつ》像をおがむ。

⑪ 体重《たいじゅう》が増える。

⑫ 原《げん》則をつらぬく。

⑬ 身長《しんちょう》を測る器具《きぐ》。

⑭ 直《ちょく》属の部下《ぶか》と話《はな》す。

⑮ チームを率いる。

⑯ 損害《がい》を受《う》ける。

⑰ 金《かね》を貸す。

⑱ 生活《せいかつ》態度《ど》がよい。

⑲ 集《しゅう》団で行動《こうどう》する。

漢字 7-⑦

書きのたしかめ①

□ 次の文を読んで、□にあてはまる漢字を頭の中で思いうかべてからなぞりましょう。

① 自分《じぶん》を責《せ》める。

② 成《せい》績《せき》が上《あ》がる。

③ 客《きゃく》を接《せっ》待《たい》する。

④ 会《あ》う時間《じかん》を設《もう》ける。

⑤ 酒《さけ》を絶《た》つと約束《やくそく》。

⑥ 祖《そ》先《せん》をまつる。

⑦ 質《しっ》素《そ》な生活《せいかつ》。

⑧ 総《そう》額《がく》を計算《けいさん》する。

⑨ 米《こめ》から酒《さけ》を造《つく》る。

⑩ 仏《ぶつ》像《ぞう》をおがむ。

⑪ 体重《たいじゅう》が増《ふ》える。

⑫ 原《げん》則《そく》をつらぬく。

⑬ 身長《しんちょう》を測《はか》る器具《きぐ》。

⑭ 直《ちょく》属《ぞく》の部下《ぶか》と話《はな》す。

⑮ チームを率《ひき》いる。

⑯ 損《そん》害《がい》を受《う》ける。

⑰ 金《かね》を貸《か》す。

⑱ 生活《せいかつ》態《たい》度《ど》がよい。

⑲ 集《しゅう》団《だん》で行動《こうどう》する。

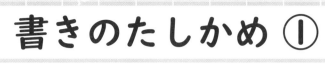

漢字 7-⑧

書きのたしかめ ②

次の文を読んで、□にあてはまる漢字を頭の中で思いうかべてから書きましょう。

① 自分《じぶん》を□《せ》める。

② 成《せい》□《せき》が上《あ》がる。

③ 客《きゃく》を□《せっ》待《たい》する。

④ 会《あ》う時間《じかん》を□《もう》ける。

⑤ 酒《さけ》を□《た》つと約束《やくそく》。

⑥ □《そ》先《せん》をまつる。

⑦ 質《しっ》□《そ》な生活《せいかつ》。

⑧ □《そう》額《がく》を計算《けいさん》する。

⑨ 米《こめ》から酒《さけ》を□《つく》る。

⑩ 仏《ぶつ》□《ぞう》をおがむ。

⑪ 体重《たいじゅう》が□《ふ》える。

⑫ 原《げん》□《そく》をつらぬく。

⑬ 身長《しんちょう》を□《はか》る器具《きぐ》。

⑭ 直《ちょく》□《ぞく》の部下《ぶか》と話《はな》す。

⑮ チームを□《ひき》いる。

⑯ □《そん》害《がい》を受《う》ける。

⑰ 金《かね》を□《か》す。

⑱ 生活《せいかつ》□《たい》度《ど》がよい。

⑲ 集《しゅう》□《だん》で行動《こうどう》する。

漢字 7-⑨

書きのたしかめ ③

□ 次の文を読んで、□にあてはまる漢字を頭の中で思いうかべてから書きましょう。

① 自分《じぶん》を□《せ》める。

② 成《せい》□《せき》が上《あ》がる。

③ 客《きゃく》を□《せっ》待《たい》する。

④ 会《あ》う時間《じかん》を□《もう》ける。

⑤ 酒《さけ》を□《た》つと約束《やくそく》。

⑥ □《そ》先《せん》をまつる。

⑦ 質《しっ》□《そ》な生活《せいかつ》。

⑧ □《そう》額《がく》を計算《けいさん》する。

⑨ 米《こめ》から酒《さけ》を□《つく》る。

⑩ 仏《ぶつ》□《ぞう》をおがむ。

⑪ 体重《たいじゅう》が□《ふ》える。

⑫ 原《げん》□《そく》をつらぬく。

⑬ 身長《しんちょう》を□《はか》る器具《きぐ》。

⑭ 直《ちょく》□《ぞく》の部下《ぶか》と話《はな》す。

⑮ チームを□《ひき》いる。

⑯ □《そん》害《がい》を受《う》ける。

⑰ 金《かね》を□《か》す。

⑱ 生活《せいかつ》□《たい》度《ど》がよい。

⑲ 集《しゅう》□《だん》で行動《こうどう》する。

漢字みつけ！③

次の図の中から、今回学習した漢字を十九字見つけましょう。
見つけた漢字はなぞりましょう。

漢字 8-①

断・築・貯・張

□手本の漢字を指でなぞります。□には漢字を頭の中で思いうかべてから書きましょう。

断

音 ダン
訓 ことわ-る

切《せっ》断《だん》

断《だん》水《すい》

たのみを断《ことわ》る。

貯

音 チョ
訓 ―

貯《ちょ》金《きん》

貯《ちょ》水《すい》池《ち》

ブタの貯《ちょ》金《きん》箱《ばこ》。

築

音 チク
訓 きず-く

建《けん》築《ちく》

新《しん》築《ちく》

強《きょう》固《こ》な城《しろ》を築《きず》く。

張

音 チョウ
訓 は-る

主《しゅ》張《ちょう》

張《ちょう》本《ほん》人《にん》

テントを張《は》る。

漢字 8-② 停・提・程・適

手本の漢字を指でなぞります。□には漢字を頭の中で思いうかべてから書きましょう。

停

音 テイ
訓 —

停《てい》止《し》
停《てい》車《しゃ》
バス停《てい》で待《ま》つ。

程

音 テイ
訓 —

程《てい》度《ど》
音《おん》程《てい》
日《にっ》程《てい》を決《き》める。

提

音 テイ
訓 —

提《てい》案《あん》
前《ぜん》提《てい》
書類《しょるい》を提《てい》出《しゅつ》する。

適

音 テキ
訓 —

快《かい》適《てき》
適《てき》当《とう》
適《てき》度《ど》な運動《うんどう》。

漢字 8-③

統・堂・銅・導

□手本の漢字を指でなぞります。
□には漢字を頭の中で思いうかべてから書きましょう。

統

音 トウ
訓 ―

伝《でん》統《とう》

統《とう》一《いつ》

学校《がっこう》を□《とう》合《ごう》する。

銅

音 ドウ
訓 ―

銅《どう》貨《か》

青《せい》銅《どう》

メダルの□《どう》の重《おも》み。

堂

音 ドウ
訓 ―

本《ほん》堂《どう》

公会《こうかい》堂《どう》

□《どう》々と戦《たたか》う。

導

音 ドウ
訓 みちび-く

指《し》導《どう》

導《どう》入《にゅう》

生徒《せいと》を□《みちび》く本《ほん》。

漢字 8-④

得・毒・独・任

■ 手本の漢字を指でなぞります。

□には漢字を頭の中で思いうかべてから書きましょう。

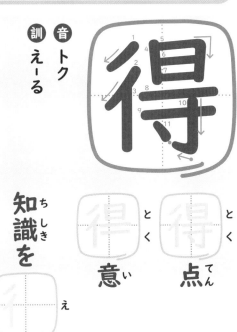

得

音 トク
訓 え-る

得《とく》点《てん》

得《とく》意《い》

知《ち》識《しき》を得《え》る。

毒

音 ドク
訓 ―

食《しょく》中《ちゅう》毒《どく》

毒《どく》薬《やく》

手《て》を消《しょう》毒《どく》する。

独

音 ドク
訓 ひと-り

独《どく》学《がく》

単《たん》独《どく》

大《おお》きい独《ひと》り言《ごと》。

任

音 ニン
訓 まか-せる　まか-す

責《せき》任《にん》

任《にん》期《き》

人《ひと》に任《まか》せる。

漢字 8-⑤

燃・能・破

□ 手本の漢字を指でなぞります。□には漢字を頭の中で思いうかべてから書きましょう。

燃

音 ネン
訓 も-える　も-やす　も-す

燃《ねん》料《りょう》

燃《ねん》焼《しょう》

紙《かみ》が燃《も》える。

破

音 ハ
訓 やぶ-る　やぶ-れる

破《は》損《そん》

読《どく》破《は》

昔《むかし》の記録《きろく》を破《やぶ》る。

能

音 ノウ
訓 —

能《のう》力《りょく》

可《か》能《のう》

能《のう》率《りつ》を上《あ》げる。

漢字 8-⑥

読みのたしかめ

■ 次の文を読んで、——を引いた漢字の読みを（　）に書きましょう。

① 木《き》を切《せつ》断する。（　　）

② 三十《さんじゅう》で家庭《かてい》を築く。（　　）

③ 五百円玉《ごひゃくえんだま》貯金《きん》。（　　）

④ 池《いけ》に氷《こおり》が張る。（　　）

⑤ バスが停車《しゃ》する。（　　）

⑥ 書類《しょるい》を提示《じ》する。（　　）

⑦ 程度《ど》をこえる発言《はつげん》。（　　）

⑧ 適切《せつ》な言葉《ことば》を選《えら》ぶ。（　　）

⑨ 伝《でん》統ある学校《がっこう》。（　　）

⑩ 寺《てら》の本《ほん》堂に向《む》かう。（　　）

⑪ 十円《じゅうえん》銅貨《か》。（　　）

⑫ 選手《せんしゅ》を成功《せいこう》に導く。（　　）

⑬ 賞金《しょうきん》を得たレース。（　　）

⑭ 毒キノコを採《と》る。（　　）

⑮ 単《たん》独行動《こうどう》をとる。（　　）

⑯ 部下《ぶか》に任せる。（　　）

⑰ いかりに燃える目《め》。（　　）

⑱ 能あるタカ。（　　）

⑲ 悲《かな》しい手紙《てがみ》を破る。（　　）

漢字　8-⑦

書きのたしかめ①

次の文を読んで、□にあてはまる漢字を頭の中で思いうかべてからなぞりましょう。

① 木《き》を切《せっ》断《だん》する。

② 三十《さんじゅう》で家庭《かてい》を築《きず》く。

③ 五百円玉《ごひゃくえんだま》貯《ちょ》金《きん》。

④ 池《いけ》に氷《こおり》が張《は》る。

⑤ バスが停《てい》車《しゃ》する。

⑥ 書類《しょるい》を提《てい》示《じ》する。

⑦ 程《てい》度《ど》をこえる発言《はつげん》。

⑧ 適《てき》切《せつ》な言葉《ことば》を選《えら》ぶ。

⑨ 伝《でん》統《とう》ある学校《がっこう》。

⑩ 寺《てら》の本《ほん》堂《どう》に向《む》かう。

⑪ 十円《じゅうえん》銅《どう》貨《か》。

⑫ 選手《せんしゅ》を成功《せいこう》に導《みちび》く。

⑬ 賞金《しょうきん》を得《え》たレース。

⑭ 毒《どく》キノコを採《と》る。

⑮ 単《たん》独《どく》行動《こうどう》をとる。

⑯ 部下《ぶか》に任《まか》せる。

⑰ いかりに燃《も》える目《め》。

⑱ 能《のう》あるタカ。

⑲ 悲《かな》しい手紙《てがみ》を破《やぶ》る。

ゴール　スタート

漢字 8-⑧

書きのたしかめ ②

□ 次の文を読んで、□にあてはまる漢字を頭の中で思いうかべてから書きましょう。

① 木《き》を切《せつ》□《だん》する。

② 三十《さんじゅう》で家庭《かてい》を□《きず》く。

③ 五百円玉《ごひゃくえんだま》□《ちょ》金《きん》。

④ 池《いけ》に氷《こおり》が□《は》る。

⑤ バスが□《てい》車《しゃ》する。

⑥ 書類《しょるい》を□《てい》示《じ》する。

⑦ □《てい》度《ど》をこえる発言《はつげん》。

⑧ □《てき》切《せつ》な言葉《ことば》を選《えら》ぶ。

⑨ 伝《でん》□《とう》ある学校《がっこう》。

⑩ 寺《てら》の本《ほん》□《どう》に向《む》かう。

⑪ 十円《じゅうえん》□《どう》貨《か》。

⑫ 選手《せんしゅ》を成功《せいこう》に□《みちび》く。

⑬ 賞金《しょうきん》を□《え》たレース。

⑭ □《どく》キノコを採《と》る。

⑮ 単《たん》□《どく》行動《こうどう》をとる。

⑯ 部下《ぶか》に□《まか》せる。

⑰ いかりに□《も》える目《め》。

⑱ □《のう》あるタカ。

⑲ 悲《かな》しい手紙《てがみ》を□《やぶ》る。

かん字
8-⑨

書きのたしかめ③

■ 次の文を読んで、□にあてはまる漢字を頭の中で思いうかべてから書きましょう。

① 木《き》を切《せつ》□《だん》する。

② 三十《さんじゅう》で家庭《かてい》を□《きず》く。

③ 五百円玉《ごひゃくえんだま》□《ちょ》金《きん》。

④ 池《いけ》に氷《こおり》が□《は》る。

⑤ バスが□《てい》車《しゃ》する。

⑥ 書類《しょるい》を□《てい》示《じ》する。

⑦ □《てい》度《ど》をこえる発言《はつげん》。

⑧ □《てき》切《せつ》な言葉《ことば》を選《えら》ぶ。

⑨ 伝《でん》□《とう》ある学校《がっこう》。

⑩ 寺《てら》の本《ほん》□《どう》に向《む》かう。

⑪ 十円《じゅうえん》□《どう》貨《か》。

⑫ 選手《せんしゅ》を成功《せいこう》に□《みちび》く。

⑬ 賞金《しょうきん》を□《え》たレース。

⑭ □《どく》キノコを採《と》る。

⑮ 単《たん》□《どく》行動《こうどう》をとる。

⑯ 部下《ぶか》に□《まか》せる。

⑰ いかりに□《も》える目《め》。

⑱ □《のう》あるタカ。

⑲ 悲《かな》しい手紙《てがみ》を□《やぶ》る。

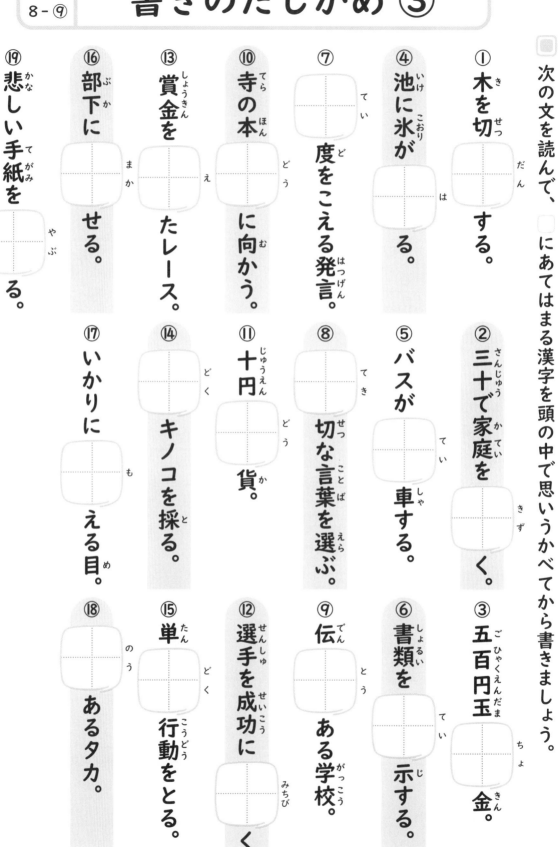

漢字 8-⑩

漢字めいろ ③

□ 正しい漢字の道を通って、スタートからゴールまで進みます。正しい漢字のみをなぞりましょう。（さらに、まちがい漢字を正しく書けたら花丸です）

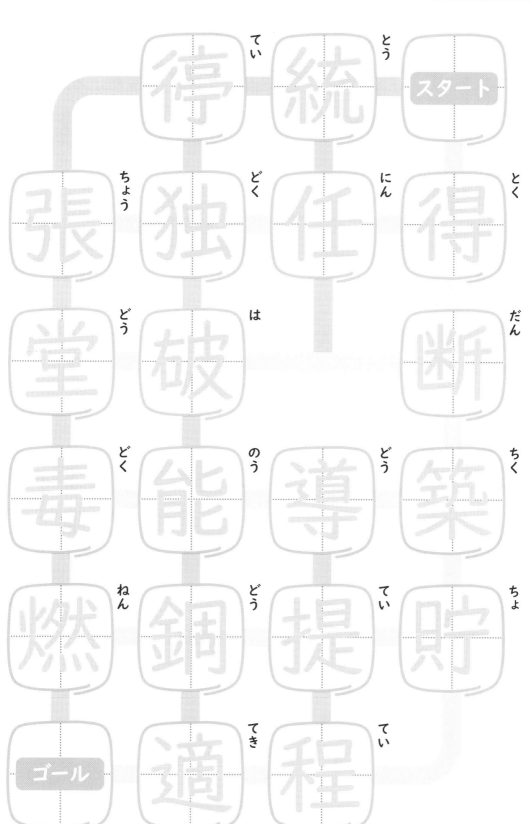

	停《てい》	統《とう》	スタート
張《ちょう》	独《どく》	任《にん》	得《とく》
堂《どう》	破《は》		断《だん》
毒《どく》	能《のう》	導《どう》	築《ちく》
燃《ねん》	銅《どう》	提《てい》	貯《ちょ》
ゴール	適《てき》	程《てい》	

漢字 9-①

犯・判・版・比

□手本の漢字を指でなぞります。□には漢字を頭の中で思いうかべてから書きましょう。

犯

音 ハン
訓 —

犯《はん》人《にん》

防《ぼう》犯《はん》

□《はん》罪《ざい》が増《ふ》える町《まち》。

版

音 ハン
訓 —

版《はん》画《が》

出《しゅっ》版《ぱん》

初《しょ》□《はん》本《ぼん》をさがす。

判

音 ハン バン
訓 —

判《はん》断《だん》

判《はん》決《けつ》

大《おお》□《ばん》のノート。

比

音 ヒ
訓 くら-べる

比《ひ》例《れい》

対《たい》比《ひ》

人《ひと》と□《くら》べる。

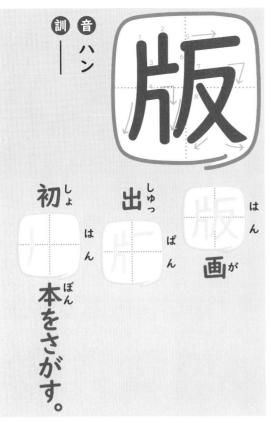

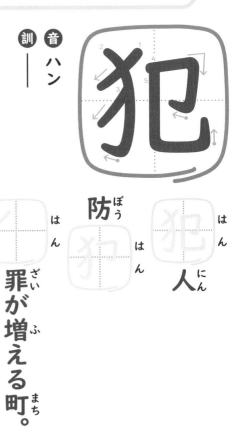

漢字 9-②

肥・非・費・備

手本の漢字を指でなぞります。
□には漢字を頭の中で思いうかべてから書きましょう。

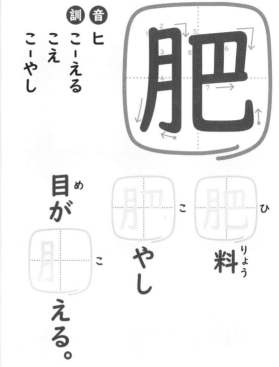

肥

音 ヒ
訓 こ-える　こえ　こ-やし

肥《ひ》料《りょう》

肥《こ》やし

目《め》が□《こ》える。

費

音 ヒ
訓 ―

費《ひ》用《よう》

出《しゅっ》□《ぴ》

学《がく》□《ひ》をはらう。

非

音 ヒ
訓 ―

非《ひ》行《こう》

□《ひ》礼《れい》

□《ひ》常口《じょうぐち》に急《いそ》ぐ。

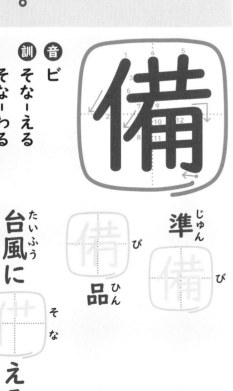

備

音 ビ
訓 そな-える　そな-わる

準《じゅん》備《び》

備《び》品《ひん》

台風《たいふう》に□《そな》える。

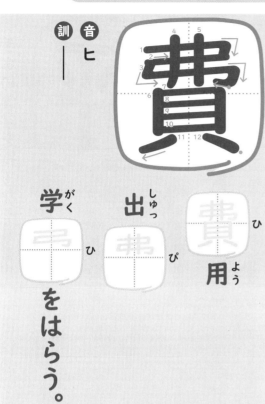

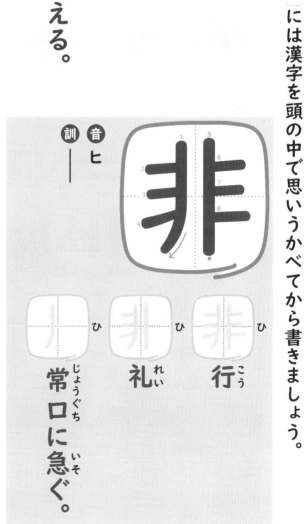

漢字 9-③

評・貧・布・婦

□手本の漢字を指でなぞります。□には漢字を頭の中で思いうかべてから書きましょう。

評

音 ヒョウ
訓 ―

評《ひょう》価《か》
好《こう》評《ひょう》
評《ひょう》判《ばん》のいい店《みせ》。

貧

音 ビン
訓 まず-しい

貧《びん》ぼう
貧《ひん》血《けっ》
生活《せいかつ》が貧《まず》しい。

布

音 フ
訓 ぬの

毛《もう》布《ふ》
配《はい》布《ふ》
布《ぬの》を織《お》る。

婦

音 フ
訓 ―

婦《ふ》人《じん》
主《しゅ》婦《ふ》
夫《ふう》婦《ふ》で協力《きょうりょく》する。

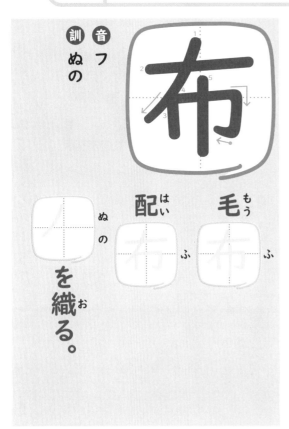

漢字 9-④

武・復・複・仏

■手本の漢字を指でなぞります。□には漢字を頭の中で思いうかべてから書きましょう。

武

音 ブ ム
訓 —

□《ぶ》士《し》

□《ぶ》道《どう》

□《む》者人形《しゃにんぎょう》を置《お》く。

複

音 フク
訓 —

□《ふく》数《すう》

□《ふく》合《ごう》語《ご》

□《ふく》雑《ざっ》な気《き》持《も》ち。

復

音 フク
訓 —

往《おう》□《ふく》

回《かい》□《ふく》

漢字《かんじ》の□《ふく》習《しゅう》。

仏

音 ブツ
訓 ほとけ

□《ぶつ》像《ぞう》

□《ぶっ》教《きょう》

□《ほとけ》の教《おし》え。

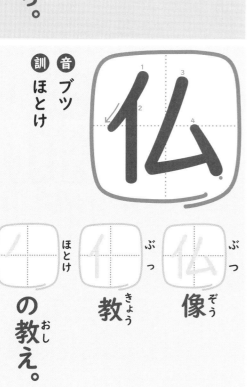

漢字 9-⑤

粉・編・弁

□ 手本の漢字を指でなぞります。□には漢字を頭の中で思いうかべてから書きましょう。

粉

音 フン

訓 こ　こな

花《か》粉《ふん》

小麦《こむぎ》粉《こ》

粉《こな》雪《ゆき》が降《ふ》る朝《あさ》。

編

音 ヘン

訓 あ-む

編《へん》集《しゅう》

編《へん》成《せい》

毛糸《けいと》を編《あ》む。

弁

音 ベン

訓 ―

弁《べん》当《とう》

答《とう》弁《べん》

弁《べん》護《ご》士《し》になる。

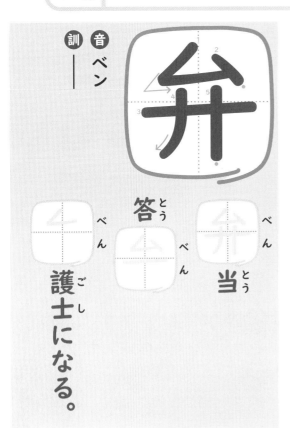

漢字 9-⑥

読みのたしかめ

□ 次の文を読んで、――を引いた漢字の読みを（　）に書きましょう。

① 絵《え》で犯人《にん》がわかる。（　　）

② 書類《しょるい》に判をおす。（　　）

③ 版画《が》のコンクール。（　　）

④ 今《いま》の自分《じぶん》と比べる。（　　）

⑤ 土《と》地《ち》が肥える。（　　）

⑥ 相《あい》手《て》に非がある。（　　）

⑦ 消《しょう》費税《ぜい》をはらう。（　　）

⑧ 万《まん》一《いち》に備える。（　　）

⑨ 店《みせ》の評判《ばん》を調《しら》べる。（　　）

⑩ 心《こころ》が貧しい人《ひと》。（　　）

⑪ 温《あたた》かい毛《もう》布。（　　）

⑫ 仲《なか》のよい夫《ふう》婦。（　　）

⑬ 刀《かたな》で武士《し》が戦《たたか》う。（　　）

⑭ 反《はん》復練習《れんしゅう》をする。（　　）

⑮ 複数《すう》の原因《げんいん》がある。（　　）

⑯ 仏の顔《かお》も三《さん》度《ど》。（　　）

⑰ 粉雪《ゆき》が空《そら》にまう。（　　）

⑱ セーターを編む。（　　）

⑲ のり弁当《とう》を食《た》べる。（　　）

漢字 9-⑦

書きのたしかめ①

□ 次の文を読んで、□にあてはまる漢字を頭の中で思いうかべてからなぞりましょう。

① 絵《え》で犯《はん》人《にん》がわかる。

② 書類《しょるい》に判《はん》をおす。

③ 版《はん》画《が》のコンクール。

④ 今《いま》の自分《じぶん》と比《くら》べる。

⑤ 土地《とち》が肥《こ》える。

⑥ 相手《あいて》に非《ひ》がある。

⑦ 消《しょう》費《ひ》税《ぜい》をはらう。

⑧ 万一《まんいち》に備《そな》える。

⑨ 店《みせ》の評《ひょう》判《ばん》を調《しら》べる。

⑩ 心《こころ》が貧《まず》しい人《ひと》。

⑪ 温《あたた》かい毛《もう》布《ふ》。

⑫ 仲《なか》のよい夫《ふう》婦《ふ》。

⑬ 刀《かたな》で武《ぶ》士《し》が戦《たたか》う。

⑭ 反《はん》復《ぷく》練習《れんしゅう》をする。

⑮ 複《ふく》数《すう》の原因《げんいん》がある。

⑯ 仏《ほとけ》の顔《かお》も三度《さんど》。

⑰ 粉《こな》雪《ゆき》が空《そら》にまう。

⑱ セーターを編《あ》む。

⑲ のり弁《べん》当《とう》を食《た》べる。

書きのたしかめ②

次の文を読んで、□にあてはまる漢字を頭の中で思いうかべてから書きましょう。

① 絵《え》で□《はん》人《にん》がわかる。
② 書類《しょるい》に□《はん》をおす。
③ □《はん》画《が》のコンクール。
④ 今《いま》の自分《じぶん》と□《くら》べる。
⑤ 土地《とち》が□《こ》える。
⑥ 相手《あいて》に□《ひ》がある。
⑦ 消《しょう》□《ひ》税《ぜい》をはらう。
⑧ 万一《まんいち》に□《そな》える。
⑨ 店《みせ》の□《ひょう》判《ばん》を調《しら》べる。
⑩ 心《こころ》が□《まず》しい人《ひと》。
⑪ 温《あたた》かい毛《もう》□《ふ》。
⑫ 仲《なか》のよい夫《ふう》□《ふ》。
⑬ 刀《かたな》で□《ぶ》士《し》が戦《たたか》う。
⑭ 反《はん》□《ぷく》練習《れんしゅう》をする。
⑮ □《ふく》数《すう》の原因《げんいん》がある。
⑯ □《ほとけ》の顔《かお》も三度《さんど》。
⑰ □《こな》雪《ゆき》が空《そら》にまう。
⑱ セーターを□《あ》む。
⑲ のり□《べん》当《とう》を食《た》べる。

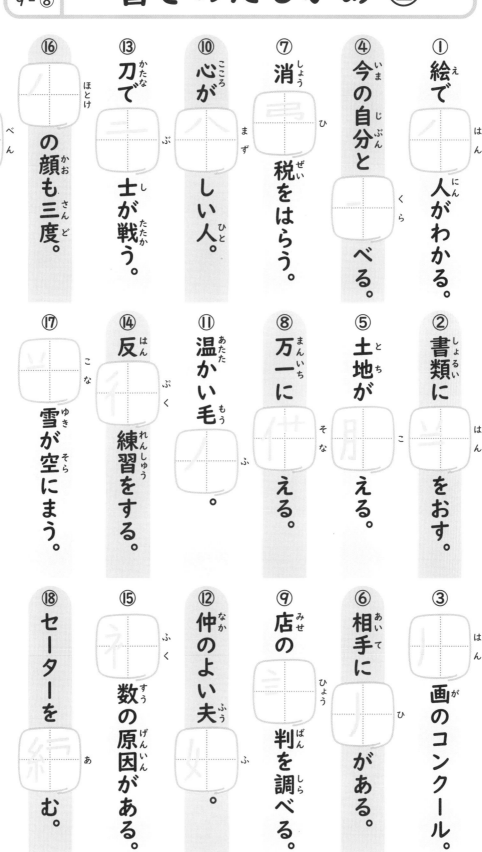

漢字 9-⑨

書きのたしかめ③

次の文を読んで、□にあてはまる漢字を頭の中で思いうかべてから書きましょう。

① 絵《え》で□《はん》人《にん》がわかる。

② 書類《しょるい》に□《はん》をおす。

③ □《はん》画《が》のコンクール。

④ 今《いま》の自分《じぶん》と□《くら》べる。

⑤ 土《と》地《ち》が□《こ》える。

⑥ 相手《あいて》に□《ひ》がある。

⑦ 消《しょう》□《ひ》税《ぜい》をはらう。

⑧ 万一《まんいち》に□《そな》える。

⑨ 店《みせ》の□《ひょう》判《ばん》を調《しら》べる。

⑩ 心《こころ》が□《まず》しい人《ひと》。

⑪ 温《あたた》かい毛《もう》□《ふ》。

⑫ 仲《なか》のよい夫《ふう》□《ふ》。

⑬ 刀《かたな》で□《ぶ》士《し》が戦《たたか》う。

⑭ 反《はん》□《ぷく》練習《れんしゅう》をする。

⑮ □《ふく》数《すう》の原因《げんいん》がある。

⑯ □《ほとけ》の顔《かお》も三度《さんど》。

⑰ □《こな》雪《ゆき》が空《そら》にまう。

⑱ セーターを□《あ》む。

⑲ のり□《べん》当《とう》を食《た》べる。

正しい漢字みつけ！③

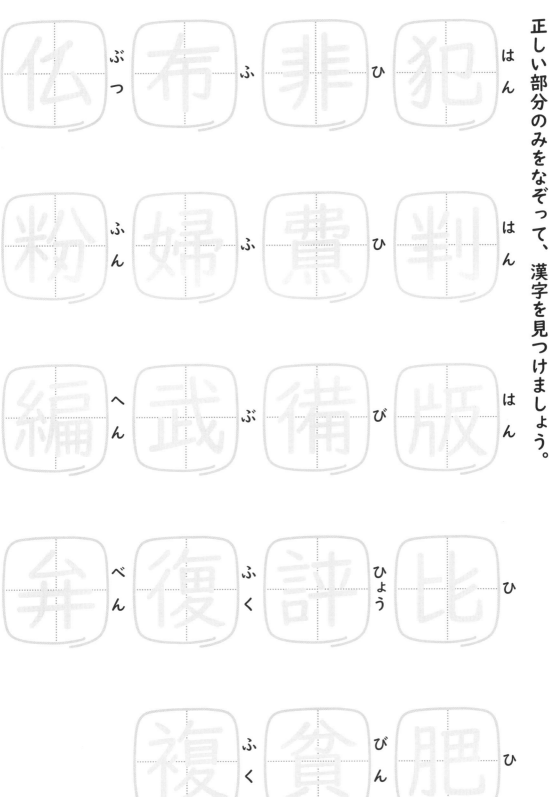

□ 次の漢字は何画か書きたされた、まちがい漢字です。正しい部分のみをなぞって、漢字を見つけましょう。

犯《はん》　非《ひ》　布《ふ》　仏《ぶつ》

判《はん》　費《ひ》　婦《ふ》　粉《ふん》

版《はん》　備《び》　武《ぶ》　編《へん》

比《ひ》　評《ひょう》　復《ふく》　弁《べん》

肥《ひ》　貧《びん》　複《ふく》

漢字 10-① 保・墓・報・豊

□手本の漢字を指でなぞります。□には漢字を頭の中で思いうかべてから書きましょう。

保

音 ホ
訓 たも-つ

□《ほ》護《ご》
□《ほ》育所《いくしょ》
健康《けんこう》を□《たも》つ方法《ほうほう》。

報

音 ホウ
訓 ―

□《ほう》告《こく》
予《よ》□《ほう》
□《ほう》道番組《どうばんぐみ》で知《し》る。

墓

音 ボ
訓 はか

□《ぼ》地《ち》
□《ぼ》穴《けつ》
□《はか》参《まい》りをする。

豊

音 ホウ
訓 ゆた-か

□《ほう》富《ふ》
□《ほう》作《さく》
□《ゆた》かな生活《せいかつ》。

漢字 10-②

防・貿・暴・脈

□手本の漢字を指でなぞります。□には漢字を頭の中で思いうかべてから書きましょう。

防

音 ボウ
訓 ふせ-ぐ

防《ぼう》火《か》

予《よ》防《ぼう》

事《じ》故《こ》を□《ふせ》ぐ。

暴

音 ボウ
訓 あば-れる

暴《ぼう》力《りょく》

暴《ぼう》風《ふう》

馬《うま》が□《あば》れる。

貿

音 ボウ
訓 —

貿《ぼう》易《えき》港《こう》

貿《ぼう》易《えき》風《ふう》

外国《がいこく》と□《ぼう》易《えき》する。

脈

音 ミャク
訓 —

山《さん》脈《みゃく》

文《ぶん》脈《みゃく》

□《みゃく》はくを測《はか》る。

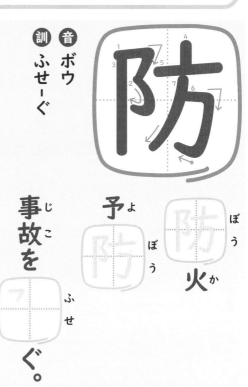

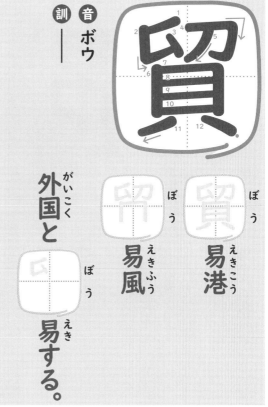

漢字 10-③ 務・夢・迷・綿

手本の漢字を指でなぞります。
□には漢字を頭の中で思いうかべてから書きましょう。

務

音 ム
訓 つと-める　つと-まる

事《じ》務《む》

義《ぎ》務《む》

務《つと》めを果《は》たす。

迷

音 （メイ）
訓 まよ-う

迷《まよ》う

迷《まよ》い犬《いぬ》

初《はじ》めて道《みち》に迷《まよ》う。

夢

音 ム
訓 ゆめ

夢《む》中《ちゅう》

夢《む》想《そう》

初《はっ》夢《ゆめ》をうらなう。

綿

音 メン
訓 わた

綿《めん》花《か》

綿《めん》織物《おりもの》

綿《わた》毛《げ》が飛《と》ぶ。

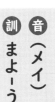

漢字 10-④

輸・余・容・略

□手本の漢字を指でなぞります。
□には漢字を頭の中で思いうかべてから書きましょう。

輸

音 ユ
訓 ―

輸《ゆ》入《にゅう》

輸《ゆ》血《けつ》

船《ふね》で輸《ゆ》送《そう》する。

容

音 ヨウ
訓 ―

容《よう》器《き》

内《ない》容《よう》

美《び》容《よう》院《いん》に行《い》く。

余

音 ヨ
訓 あま-る　あま-す

余《よ》分《ぶん》

余《よ》計《けい》

お金《かね》が余《あま》る。

略

音 リャク
訓 ―

省《しょう》略《りゃく》

計《けい》略《りゃく》

略《りゃく》図《ず》をかく。

漢字 10-⑤

留・領・歴

□手本の漢字を指でなぞります。□には漢字を頭の中で思いうかべてから書きましょう。

留

音 リュウ
訓 ※ル
とーまる
とーめる

□《りゅう》学《がく》
停《てい》□《りゅう》所《じょ》
ボタンを□《と》める。

領

音 リョウ
訓 ―

□《りょう》土《ど》
海《かい》□《りょう》
本《ほん》□《りょう》を発《はっ》きする。

歴

音 レキ
訓 ―

□《れき》史《し》
□《れき》然《ぜん》
□《れき》代《だい》の首相《しゅしょう》。

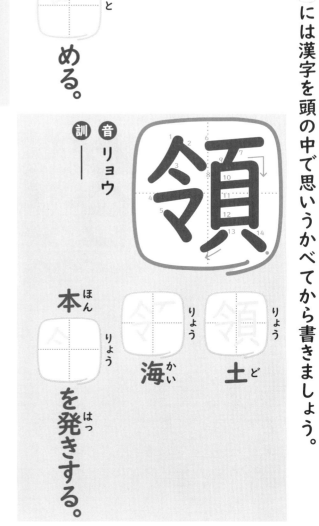

漢字 10-⑥

読みのたしかめ

□ 次の文を読んで、―を引いた漢字の読みを（　）に書きましょう。

①平静《へいせい》を保つ。（　　）

④豊かな心《こころ》が大事《だいじ》。（　　）

⑦川《かわ》の水《みず》が暴れ出《だ》す。（　　）

⑩夢から覚《さ》めた日《ひ》。（　　）

⑬輸血《けつ》をしてもらう。（　　）

⑯戦《せん》略を立《た》てる。（　　）

⑲深《ふか》く歴史《し》を学《まな》ぶ。（　　）

②夜《よる》の墓場《ば》を歩《ある》く。（　　）

⑤火災《かさい》を防ぐと志《こころざ》す。（　　）

⑧脈はくが速《はや》くなる。（　　）

⑪右《みぎ》か左《ひだり》かで迷う。（　　）

⑭料理《りょうり》が余る。（　　）

⑰気《き》に留める。（　　）

③天気予《てんきよ》報を見《み》る。（　　）

⑥貿易《えき》協定《きょうてい》を結《むす》ぶ。（　　）

⑨主役《しゅやく》を務める。（　　）

⑫綿あめを食《た》べる。（　　）

⑮美《び》容師《し》のはさみ。（　　）

⑱広《ひろ》い領土《ど》を守《まも》る。（　　）

漢字 10-⑦

書きのたしかめ ①

□次の文を読んで、□にあてはまる漢字を頭の中で思いうかべてからなぞりましょう。

① 平静《へいせい》を保《たも》つ。

② 夜《よる》の墓《はか》場《ば》を歩《ある》く。

③ 天気予《てんきよ》報《ほう》を見《み》る。

④ 豊《ゆた》かな心《こころ》が大事《だいじ》。

⑤ 火災《かさい》を防《ふせ》ぐと志《こころざ》す。

⑥ 貿《ぼう》易協定《えききょうてい》を結《むす》ぶ。

⑦ 川《かわ》の水《みず》が暴《あば》れ出《だ》す。

⑧ 脈《みゃく》はくが速《はや》くなる。

⑨ 主役《しゅやく》を務《つと》める。

⑩ 夢《ゆめ》から覚《さ》めた日《ひ》。

⑪ 右《みぎ》か左《ひだり》かで迷《まよ》う。

⑫ 綿《わた》あめを食《た》べる。

⑬ 輸《ゆ》血《けつ》をしてもらう。

⑭ 料理《りょうり》が余《あま》る。

⑮ 美《び》容《よう》師《し》のはさみ。

⑯ 戦《せん》略《りゃく》を立《た》てる。

⑰ 気《き》に留《と》める。

⑱ 広《ひろ》い領《りょう》土《ど》を守《まも》る。

⑲ 深《ふか》く歴《れき》史《し》を学《まな》ぶ。

漢字 10-⑧

書きのたしかめ ②

■ 次の文を読んで、□にあてはまる漢字を頭の中で思いうかべてから書きましょう。

① 平静《へいせい》を□《たも》つ。

② 夜《よる》の□《はか》場《ば》を歩《ある》く。

③ 天気予《てんきよ》□《ほう》を見《み》る。

④ □《ゆた》かな心《こころ》が大事《だいじ》。

⑤ 火災《かさい》を□《ふせ》ぐと志《こころざ》す。

⑥ □《ぼう》易協定《えききょうてい》を結《むす》ぶ。

⑦ 川《かわ》の水《みず》が□《あば》れ出《だ》す。

⑧ □《みゃく》はくが速《はや》くなる。

⑨ 主役《しゅやく》を□《つと》める。

⑩ □《ゆめ》から覚《さ》めた日《ひ》。

⑪ 右《みぎ》か左《ひだり》かで□《まよ》う。

⑫ □《わた》あめを食《た》べる。

⑬ □《ゆ》血《けつ》をしてもらう。

⑭ 料理《りょうり》が□《あま》る。

⑮ 美《び》□《よう》師《し》のはさみ。

⑯ 戦《せん》□《りゃく》を立《た》てる。

⑰ 気《き》に□《と》める。

⑱ 広《ひろ》い□《りょう》土《ど》を守《まも》る。

⑲ 深《ふか》く□《れき》史《し》を学《まな》ぶ。

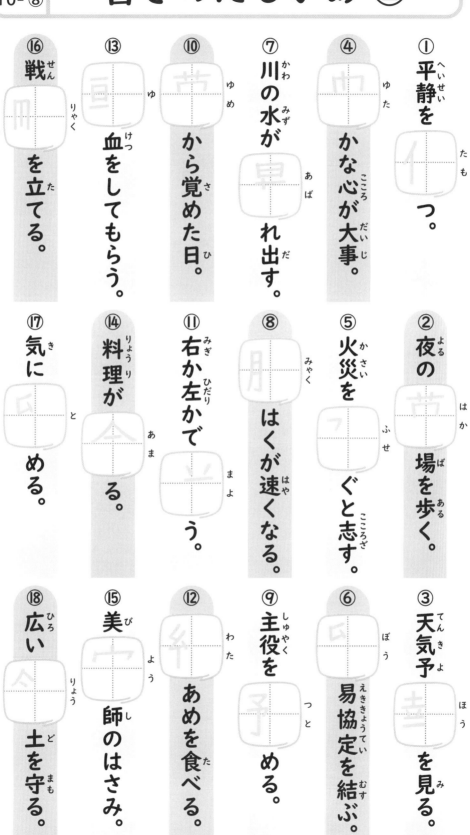

漢字 10-⑨

書きのたしかめ ③

□ 次の文を読んで、□にあてはまる漢字を頭の中で思いうかべてから書きましょう。

① 平静《へいせい》を□《たも》つ。

② 夜《よる》の□《はか》場《ば》を歩《ある》く。

③ 天気予《てんきよ》□《ほう》を見《み》る。

④ □《ゆた》かな心《こころ》が大事《だいじ》。

⑤ 火災《かさい》を□《ふせ》ぐと志《こころざ》す。

⑥ □《ぼう》易協定《えききょうてい》を結《むす》ぶ。

⑦ 川《かわ》の水《みず》が□《あば》れ出《だ》す。

⑧ □《みゃく》はくが速《はや》くなる。

⑨ 主役《しゅやく》を□《つと》める。

⑩ □《ゆめ》から覚《さ》めた日《ひ》。

⑪ 右《みぎ》か左《ひだり》かで□《まよ》う。

⑫ □《わた》あめを食《た》べる。

⑬ □《ゆ》血《けつ》をしてもらう。

⑭ 料理《りょうり》が□《あま》る。

⑮ 美《び》□《よう》師《し》のはさみ。

⑯ 戦《せん》□《りゃく》を立《た》てる。

⑰ 気《き》に□《と》める。

⑱ 広《ひろ》い□《りょう》土《ど》を守《まも》る。

⑲ 深《ふか》く□《れき》史《し》を学《まな》ぶ。

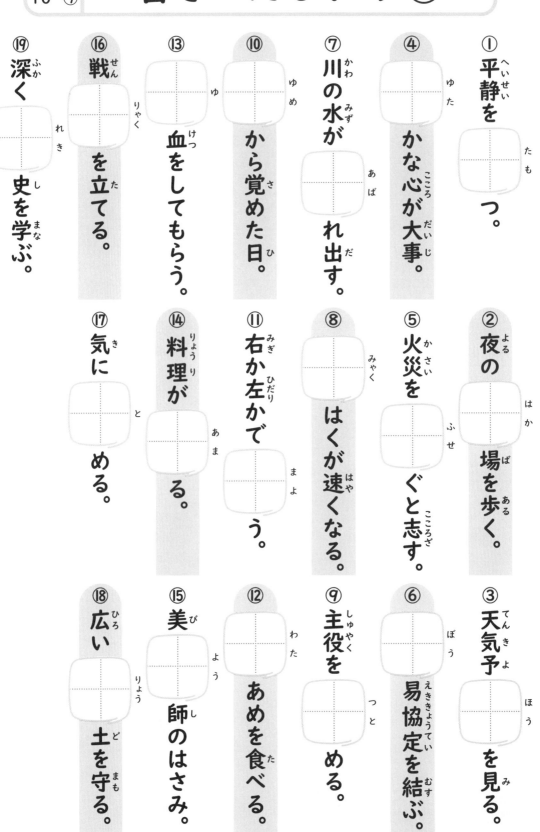

漢字みつけ！④

次の図の中から、今回学習した漢字を十九字見つけましょう。
見つけた漢字はなぞりましょう。

スタート　ゴール

まとめ 1-①

5年で習う漢字 ①

□ 次の漢字を読んで、□にあてはまる漢字を頭の中で思いうかべてからなぞりましょう。

① 圧　アッ勝
② 囲　周イ　かこ-む
③ 移　イ動　うつ-る
④ 因　イン果
⑤ 永　エイ遠　なが-い
⑥ 営　エイ業　いとな-む
⑦ 衛　防エイ
⑧ 易　貿エキ　やさ-しい
⑨ 益　利エキ
⑩ 液　エキ体
⑪ 演　出エン
⑫ 応　オウ用　こた-える
⑬ 往　オウ来
⑭ 桜　（オウ）　さくら
⑮ 可　カ能
⑯ 仮　カ定　かり
⑰ 価　定カ
⑱ 河　カロ　かわ
⑲ 過　経カ　す-ぎる
⑳ 快　カイ晴　こころよ-い
㉑ 解　カイ答　と-く
㉒ 格　合カク
㉓ 確　正カク　たし-かめる
㉔ 額　半ガク　ひたい
㉕ 刊　朝カン
㉖ 幹　カン部　みき
㉗ 慣　習カン　な-れる
㉘ 眼　ガン科
㉙ 紀　世キ
㉚ 基　キ本
㉛ 寄　キ付　よ-る
㉜ 規　キ則
㉝ 喜　キげき　よろこ-ぶ
㉞ 技　競ギ
㉟ 義　正ギ
㊱ 逆　ギャク転　さか-らう
㊲ 久　永キュウ　ひさ-しい
㊳ 旧　キュウ式
㊴ 救　キュウ命　すく-う
㊵ 居　住キョ　い-る
㊶ 許　キョ可　ゆる-す
㊷ 境　国キョウ　さかい
㊸ 均　平キン
㊹ 禁　キン止
㊺ 句　文ク
㊻ 型　典ケイ　大がた
㊼ 経　神ケイ　へ-る
㊽ 潔　清ケツ
㊾ 件　事ケン

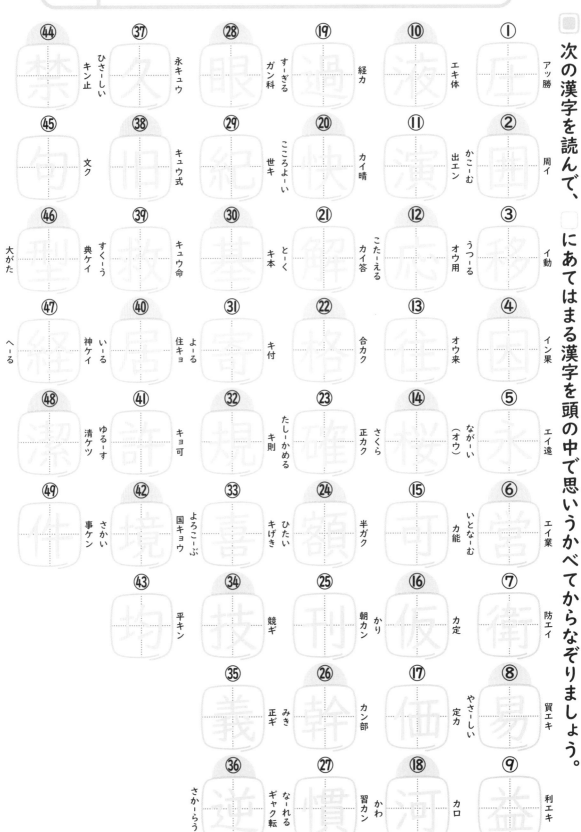

まとめ 1-②

5年で習う漢字②

次の漢字を読んで、□にあてはまる漢字を頭の中で思いうかべてからなぞりましょう。

①	保ケン	険	けわ-しい
②	ケン査	検	
③	無ゲン	限	かぎ-る
④	ゲン実	現	あらわ-す
⑤	ゲン少	減	へ-る
⑥	コ意	故	
⑦	コ人	個	
⑧	愛ゴ	護	
⑨	コウ果	効	き-く
⑩	(コウ)	厚	あつ-い
⑪	農コウ	耕	たがや-す
⑫	コウ海	航	
⑬	鉄コウ	鉱	
⑭	コウ想	構	かま-える
⑮	復コウ	興	
⑯	コウ義	講	
⑰	コク白	告	つ-げる
⑱	コン雑	混	ま-ざる
⑲	調サ	査	
⑳	サイ会	再	ふたた-び
㉑	火サイ	災	
㉒	サイ子	妻	つま
㉓	サイ点	採	と-る
㉔	国サイ	際	
㉕	現ザイ	在	あ-る
㉖	ザイ産	財	
㉗	無ザイ	罪	つみ
㉘	サッ虫	殺	ころ-す
㉙	ザツ談	雑	
㉚	サン素	酸	
㉛	サン成	賛	
㉜	博シ	士	
㉝	シ出	支	ささ-える
㉞	シ上	史	
㉟	シ望	志	こころざし
㊱	(シ)	枝	えだ
㊲	教シ	師	
㊳	シ料	資	
㊴	シ育	飼	か-う
㊵	表ジ	示	しめ-す
㊶	(ジ)	似	に-る
㊷	知シキ	識	
㊸	シツ問	質	
㊹	校シャ	舎	
㊺	感シャ	謝	
㊻	ジュ業	授	
㊼	シュウ理	修	おさ-める
㊽	記ジュツ	述	の-べる

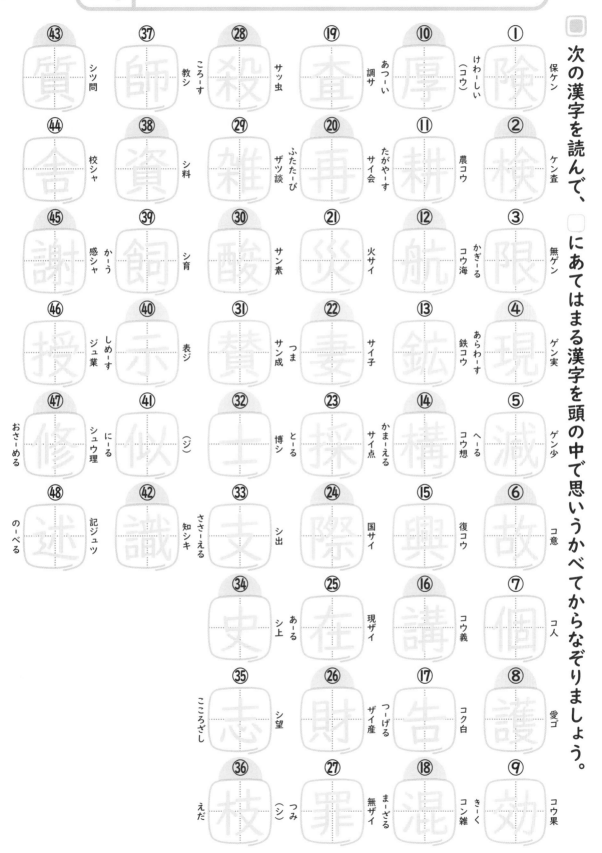

まとめ 1-③

5年で習う漢字③

次の漢字を読んで、□にあてはまる漢字を頭の中で思いうかべてからなぞりましょう。

①	芸ジュツ	術
②	ジュン備	準
③	順ジョ	序
④	ショウ待	招
⑤	ショウ人	証
⑥	印ショウ	象
⑦	ショウ金	賞
⑧	ジョウ件	条
⑨	ジョウ態	状
⑩	日ジョウ　つね	常
⑪	愛ジョウ　なさ-け	情
⑫	（ショク）　お-る	織
⑬	ショク業	職
⑭	セイ服	制
⑮	セイ格	性
⑯	セイ府	政
⑰	運セイ　いきお-い	勢
⑱	セイ神	精
⑲	セイ品	製
⑳	ゼイ金	税
㉑	セキ任　せ-める	責
㉒	成セキ	績
㉓	直セツ	接
㉔	建セツ　もう-ける	設
㉕	ゼッ対　た-つ	絶
㉖	ソ先	祖
㉗	ソ質	素
㉘	ソウ合	総
㉙	ゾウ花　つく-る	造
㉚	想ゾウ	像
㉛	ゾウ加　ま-す	増
㉜	規ソク	則
㉝	ソク定　はか-る	測
㉞	所ゾク	属
㉟	（ソツ）　ひき-いる	率
㊱	ソン害	損
㊲	（タイ）　か-す	貸
㊳	実タイ	態
㊴	ダン体	団
㊵	ダン水　ことわ-る	断
㊶	新チク　きず-く	築
㊷	チョ金	貯
㊸	主チョウ　は-る	張
㊹	テイ止	停
㊺	テイ案	提
㊻	音テイ	程
㊼	テキ当	適
㊽	伝トウ	統

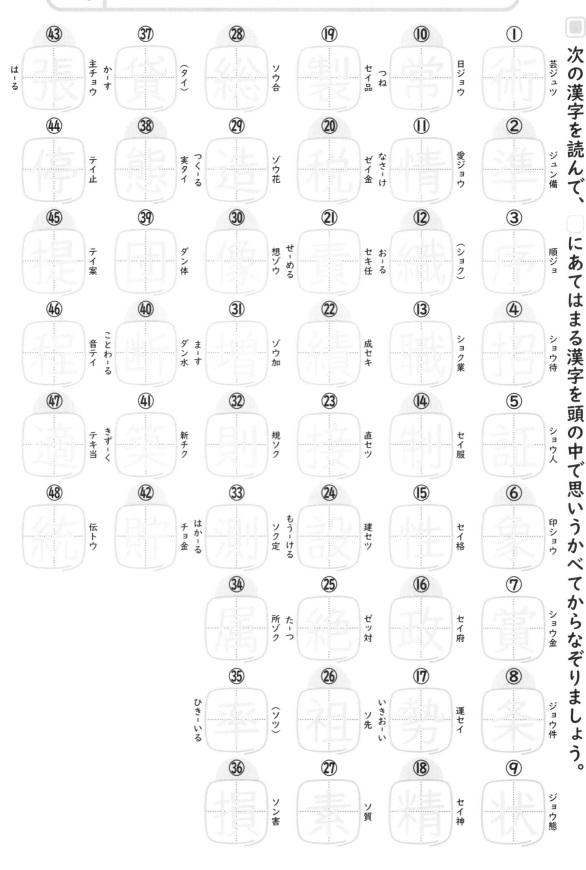

ゴール　スタート

まとめ 1-④

5年で習う漢字 ④

次の漢字を読んで、□にあてはまる漢字を頭の中で思いうかべてからなぞりましょう。

① 堂　本ドウ
② 銅　ドウ貨
③ 導　ドウ入
④ 得　トク点　え-る
⑤ 毒　ドク薬
⑥ 独　ドク学　ひと-り
⑦ 任　ニン期　まか-せる
⑧ 燃　ネン料　も-える
⑨ 能　ノウ率
⑩ 破　読ハ　やぶ-る
⑪ 犯　防ハン
⑫ 判　ハン断
⑬ 版　ハン画
⑭ 比　対ヒ　くら-べる
⑮ 肥　ヒ料　こ-やし
⑯ 非　ヒ常
⑰ 費　ヒ用
⑱ 備　ビ品　そな-える
⑲ 評　ヒョウ価
⑳ 貧　ビンぼう　まず-しい
㉑ 布　毛フ　ぬの
㉒ 婦　フ人
㉓ 武　ブ士
㉔ 復　往フク
㉕ 複　フク数
㉖ 仏　ブツ像　ほとけ
㉗ 粉　花フン　こな
㉘ 編　ヘン集　あ-む
㉙ 弁　ベン当
㉚ 保　ホ護　たも-つ
㉛ 墓　ボ地　はか
㉜ 報　ホウ告
㉝ 豊　ホウ作　ゆた-か
㉞ 防　予ボウ　ふせ-ぐ
㉟ 貿　ボウ易
㊱ 暴　ボウ風　あば-れる
㊲ 脈　文ミャク
㊳ 務　義ム　つと-める
㊴ 夢　ム中　ゆめ
㊵ 迷　（メイ）　まよ-う
㊶ 綿　メン花　わた
㊷ 輸　ユ入
㊸ 余　ヨ分　あま-る
㊹ 容　内ヨウ
㊺ 略　リャク図
㊻ 留　リュウ学　と-める
㊼ 領　リョウ土
㊽ 歴　レキ史

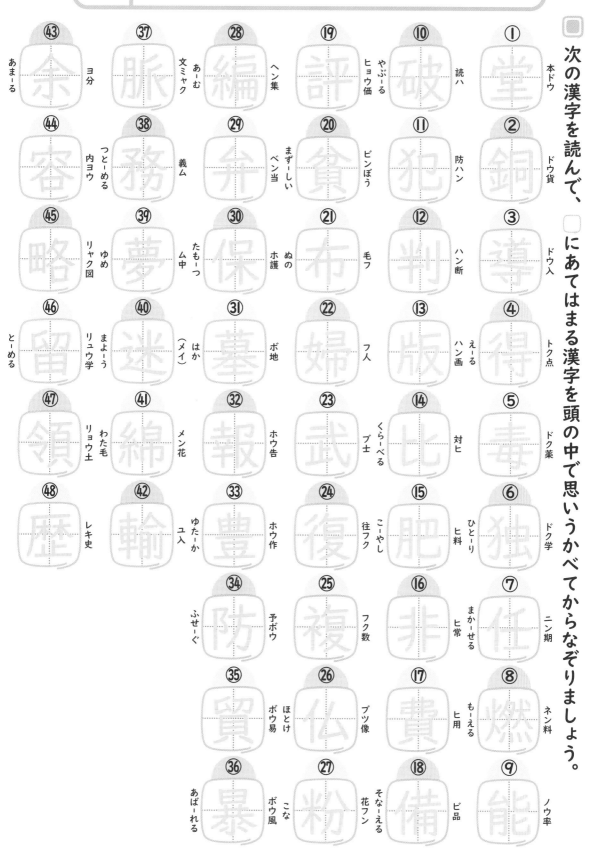

まとめ 2-①

5年で習う漢字 ⑤

□ 次の漢字を読んで、□にあてはまる漢字を頭の中で思いうかべてから書きましょう。

① アッ勝
② 周イ / かこ-む
③ イ動 / うつ-る
④ イン果
⑤ エイ遠 / なが-い
⑥ エイ業 / いとな-む
⑦ 防エイ
⑧ 貿エキ / やさ-しい
⑨ 利エキ
⑩ エキ体
⑪ 出エン
⑫ オウ用 / こた-える
⑬ オウ来
⑭ （オウ） / さくら
⑮ カ能
⑯ カ定 / かり
⑰ 定カ
⑱ カロ / かわ
⑲ 経カ / す-ぎる
⑳ カイ晴 / こころよ-い
㉑ カイ答 / と-く
㉒ 合カク
㉓ 正カク / たし-かめる
㉔ 半ガク / ひたい
㉕ 朝カン
㉖ カン部 / みき
㉗ 習カン / な-れる
㉘ ガン科
㉙ 世キ
㉚ キ本
㉛ キ付 / よ-る
㉜ キ則
㉝ キげき / よろこ-ぶ
㉞ 競ギ
㉟ 正ギ
㊱ ギャク転 / さか-らう
㊲ 永キュウ / ひさ-しい
㊳ キュウ式
㊴ キュウ命 / すく-う
㊵ 住キョ / い-る
㊶ キョ可 / ゆる-す
㊷ 国キョウ / さかい
㊸ 平キン
㊹ キン止
㊺ 文ク
㊻ 典ケイ / 大がた
㊼ 神ケイ / へ-る
㊽ 清ケツ
㊾ 事ケン

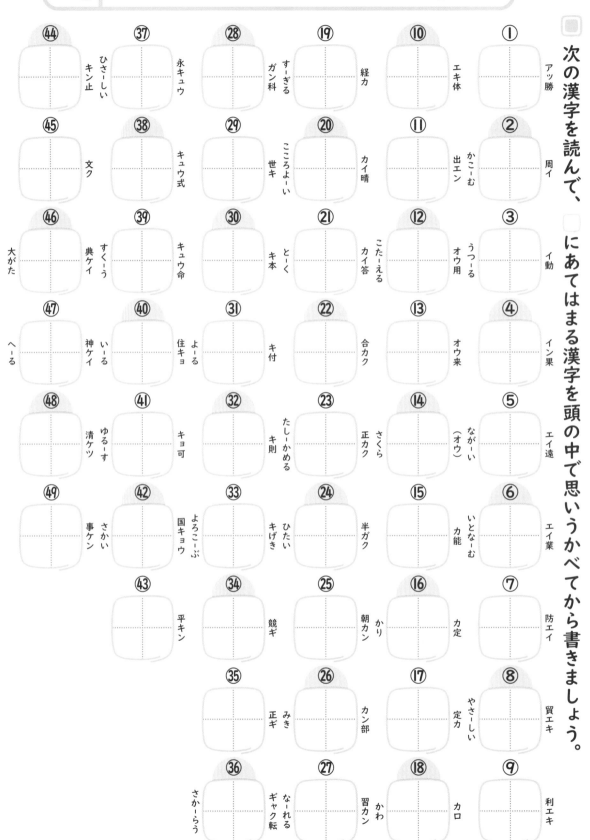

まとめ 2-②

5年で習う漢字 ⑥

次の漢字を読んで、□にあてはまる漢字を頭の中で思いうかべてから書きましょう。

① 保ケン　けわ-しい
② ケン査
③ 無ゲン　かぎ-る
④ ゲン実　あらわ-す
⑤ ゲン少　へ-る
⑥ コ意
⑦ コ人
⑧ 愛ゴ
⑨ コウ果　き-く
⑩ （コウ）　あつ-い
⑪ 農コウ　たがや-す
⑫ コウ海
⑬ 鉄コウ
⑭ コウ想　かま-える
⑮ 復コウ
⑯ コウ義
⑰ コク白　つ-げる
⑱ コン雑　ま-ざる
⑲ 調サ
⑳ サイ会　ふたた-び
㉑ 火サイ
㉒ サイ子　つま
㉓ サイ点　と-る
㉔ 国サイ
㉕ 現ザイ　あ-る
㉖ ザイ産
㉗ 無ザイ　つみ
㉘ サッ虫　ころ-す
㉙ ザツ談
㉚ サン素
㉛ サン成
㉜ 博シ
㉝ シ出　ささ-える
㉞ シ上
㉟ シ望　こころざし
㊱ （シ）　えだ
㊲ 教シ
㊳ シ料
㊴ シ育　か-う
㊵ 表ジ　しめ-す
㊶ （ジ）　に-る
㊷ 知シキ
㊸ シツ問
㊹ 校シャ
㊺ 感シャ
㊻ ジュ業
㊼ シュウ理　おさ-める
㊽ 記ジュツ　の-べる

まとめ 2-③

5年で習う漢字 ⑦

□ 次の漢字を読んで、□にあてはまる漢字を頭の中で思いうかべてから書きましょう。

① 芸ジュツ
② ジュン備
③ 順ジョ
④ ショウ待
⑤ ショウ人
⑥ 印ショウ
⑦ ショウ金
⑧ ジョウ件
⑨ ジョウ態
⑩ 日ジョウ　つね
⑪ 愛ジョウ　なさ-け
⑫ （ショク）　お-る
⑬ ショク業
⑭ セイ服
⑮ セイ格
⑯ セイ府
⑰ 運セイ　いきお-い
⑱ セイ神
⑲ セイ品
⑳ ゼイ金
㉑ セキ任　せ-める
㉒ 成セキ
㉓ 直セツ
㉔ 建セツ　もう-ける
㉕ ゼッ対　た-つ
㉖ ソ先
㉗ ソ質
㉘ ソウ合
㉙ ゾウ花　つく-る
㉚ 想ゾウ
㉛ ゾウ加　ま-す
㉜ 規ソク
㉝ ソク定　はか-る
㉞ 所ゾク
㉟ （ソツ）　ひき-いる
㊱ ソン害
㊲ （タイ）　か-す
㊳ 実タイ
㊴ ダン体
㊵ ダン水　ことわ-る
㊶ 新チク　きず-く
㊷ チョ金
㊸ 主チョウ　は-る
㊹ テイ止
㊺ テイ案
㊻ 音テイ
㊼ テキ当
㊽ 伝トウ

まとめ 2-④

5年で習う漢字 ⑧

□ 次の漢字を読んで、□にあてはまる漢字を頭の中で思いうかべてから書きましょう。

① 本ドウ
② ドウ貨
③ ドウ入
④ トク点　え-る
⑤ ドク薬
⑥ ドク学　ひと-り
⑦ ニン期　まか-せる
⑧ ネン料　も-える
⑨ ノウ率
⑩ 読ハ　やぶ-る
⑪ 防ハン
⑫ ハン断
⑬ ハン画
⑭ 対ヒ　くら-べる
⑮ ヒ料　こ-やし
⑯ ヒ常
⑰ ヒ用
⑱ ビ品　そな-える
⑲ ヒョウ価
⑳ ビンぼう　まず-しい
㉑ 毛フ　ぬの
㉒ フ人
㉓ ブ士
㉔ 往フク
㉕ フク数
㉖ ブツ像　ほとけ
㉗ 花フン　こな
㉘ ヘン集　あ-む
㉙ ベン当
㉚ ホ護　たも-つ
㉛ ボ地　はか
㉜ ホウ告
㉝ ホウ作　ゆた-か
㉞ 予ボウ　ふせ-ぐ
㉟ ボウ易
㊱ ボウ風　あば-れる
㊲ 文ミャク
㊳ 義ム　つと-める
㊴ ム中　ゆめ
㊵ (メイ)　まよ-う
㊶ メン花　わた毛
㊷ ユ入
㊸ ヨ分　あま-る
㊹ 内ヨウ
㊺ リャク図
㊻ リュウ学　と-める
㊼ リョウ土
㊽ レキ史

答え

11
漢字
1-⑩
漢字みつけ！①
次の図の中から、今回学習した漢字を二十字見つけましょう。見つけた漢字はなぞりましょう。

〔P.11〕

21
漢字
2-⑩
漢字めいろ①
正しい漢字の道を通って、スタートからゴールまで進みます。正しい漢字のみをなぞりましょう。（さらに、まちがい漢字を正しく書けたら花丸です）
義 逆 基 スタート
規 久 寄
慣 技 救 旧
確 喜 紀
眼 解 幹 額
ゴール 格 居 刊

〔P.21〕

31
漢字
3-⑩
正しい漢字みつけ！①
次の漢字は何画か書きたされた、まちがい漢字です。正しい部分のみをなぞって、漢字を見つけましょう。
個 検 型 許
護 限 経 境
効 現 潔 均
厚 減 件 禁
耕 故 険 句

〔P.31〕

※型・限は線の本数や向きがあっていれば正解です。

41
漢字
4-⑩
漢字みつけ！②
次の図の中から、今回学習した漢字を十九字見つけましょう。見つけた漢字はなぞりましょう。

〔P.41〕

51
漢字
5-⑩
漢字めいろ②
正しい漢字の道を通って、スタートからゴールまで進みます。正しい漢字のみをなぞりましょう。（さらに、まちがい漢字を正しく書けたら花丸です）
資 授 史 スタート
識 舎 修
似 士 賛
述 師 支 示
質 枝 謝 志
ゴール 術 飼

〔P.51〕

［P.91］

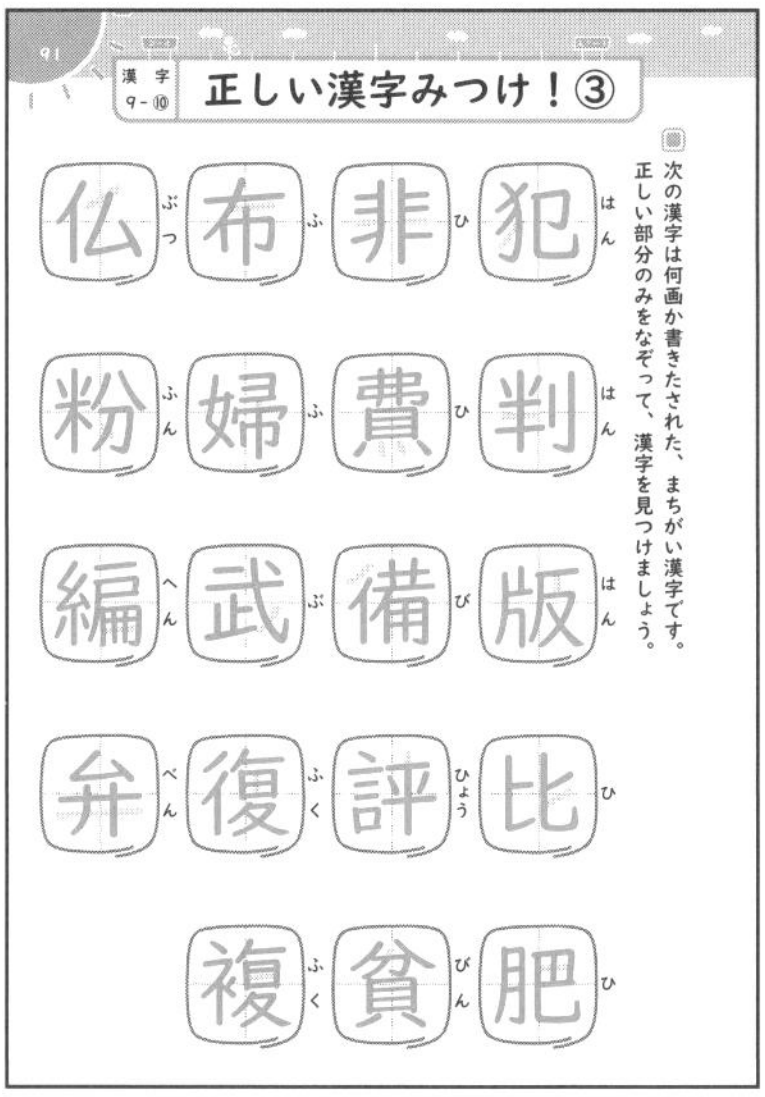
91
漢字 9-⑩
正しい漢字みつけ！③
次の漢字は何画か書きたされた、まちがい漢字です。正しい部分のみをなぞって、漢字を見つけましょう。
犯《はん》 非《ひ》 布《ふ》 仏《ぶつ》
判《はん》 費《ひ》 婦《ふ》 粉《ふん》
版《はん》 備《び》 武《ぶ》 編《へん》
比《ひ》 評《ひょう》 復《ふく》 弁《べん》
肥《ひ》 貧《びん》 複《ふく》

※犯・判・比・非・費・複・編・弁は線の本数や向きがあっていれば正解です。

［P.101］

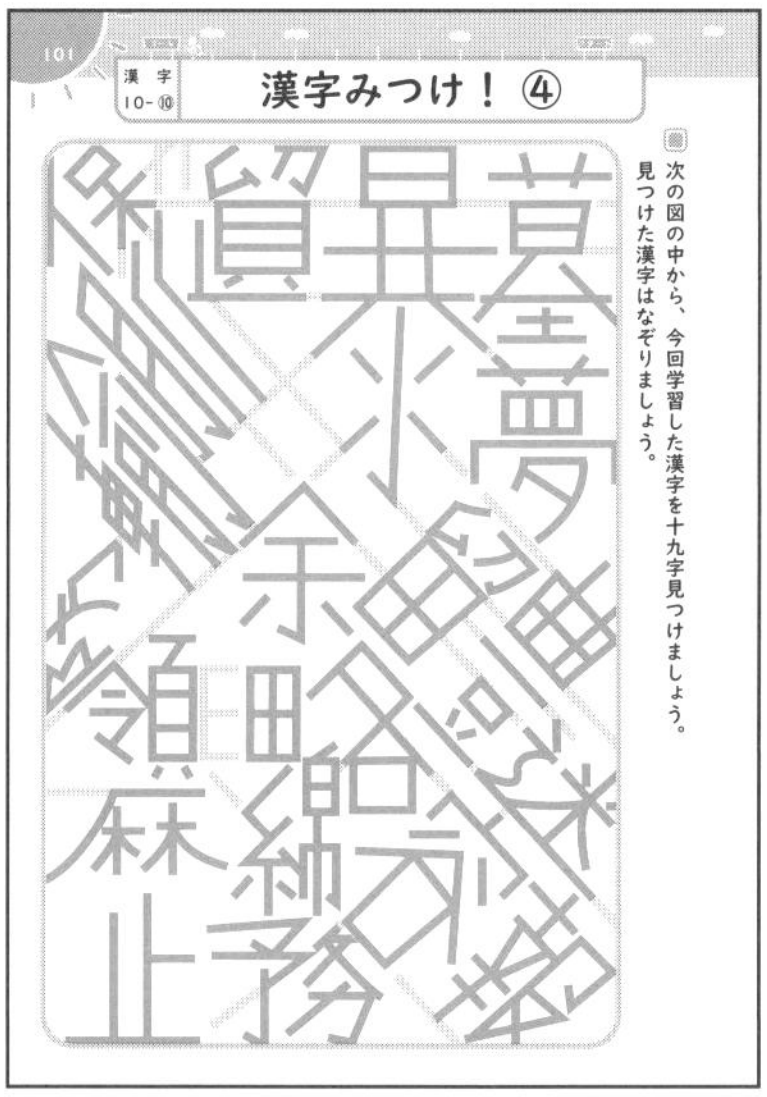
101
漢字 10-⑩
漢字みつけ！④
次の図の中から、今回学習した漢字を十九字見つけましょう。見つけた漢字はなぞりましょう。

［P.61］

61
漢字 6-⑩
正しい漢字みつけ！②
次の漢字は何画か書きたされた、まちがい漢字です。正しい部分のみをなぞって、漢字を見つけましょう。
準《じゅん》 賞《しょう》 織（しょく） 勢《せい》
序《じょ》 条《じょう》 職《しょく》 精《せい》
招《しょう》 状《じょう》 制《せい》 製《せい》
証《しょう》 常《じょう》 性《せい》 税《ぜい》
象《しょう》 情《じょう》 政《せい》

※証・織・職・制・性・精・製は線の本数や向きがあっていれば正解です。

［P.71］

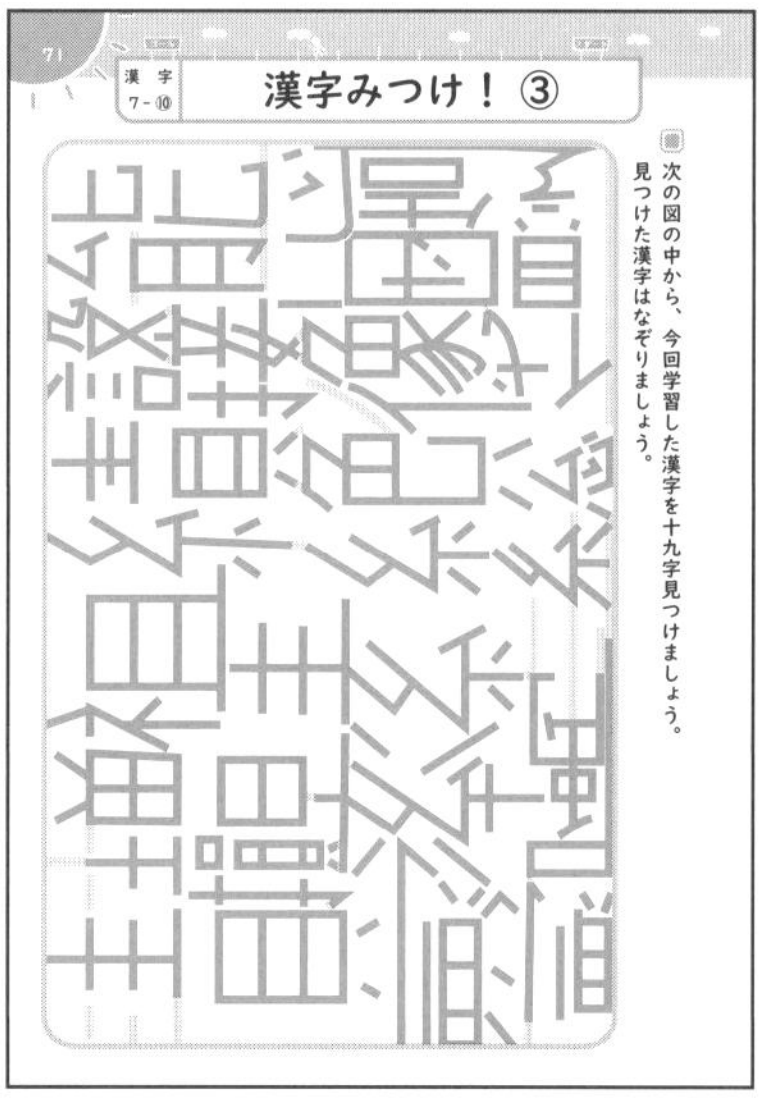
71
漢字 7-⑩
漢字みつけ！③
次の図の中から、今回学習した漢字を十九字見つけましょう。見つけた漢字はなぞりましょう。

［P.81］

81
漢字 8-⑩
漢字めいろ③
正しい漢字の道を通って、スタートからゴールまで進みます。正しい漢字のみをなぞりましょう。（さらに、まちがい漢字を正しく書けたら花丸です）
スタート 統《とう》 停《てい》
得《とく》 任《にん》 独《どく》 張《ちょう》
断《だん》 破《は》 堂《どう》
築《ちく》 導《どう》 能《のう》 毒《どく》
貯《ちょ》 提《てい》 銅《どう》 燃《ねん》
程《てい》 適《てき》 ゴール

いつのまにか、正しく書ける
なぞるだけ漢字 小学5年

2022年1月20日　第1刷発行
著　者　金井敬之
発行者　面屋尚志
発行所　フォーラム・A
〒530-0056　大阪市北区兎我野町15-13
TEL　06(6365)5606
FAX　06(6365)5607
振替　00970-3-127184

表　紙　畑佐　実
本　文　くまのくうた@
印　刷　尼崎印刷株式会社
製　本　株式会社高廣製本
制作編集　田邉光喜

乱丁・落丁本は、送料小社負担にてお取り替え致します。